REDLINE WIRTSCHAFT
bei verlag moderne industrie

Heike Steinmetz

Erfolgsfaktor Kundenzeitschrift

REDLINE WIRTSCHAFT
bei verlag moderne industrie

Heike Steinmetz
Erfolgsfaktor Kundenzeitschrift: Von der Idee zum Vertrieb
Frankfurt: Redline Wirtschaft bei verlag moderne industrie, 2004
ISBN 3-478-25650-X

© 2004 REDLINE WIRTSCHAFT bei verlag moderne industrie, Frankfurt
http://www.redline-wirtschaft.de
Alle Rechte, insbesondere das Recht der Vervielfältigung und Verbreitung sowie der Übersetzung, vorbehalten. Kein Teil des Werkes darf in irgendeiner Form (durch Fotokopie, Mikrofilm oder ein anderes Verfahren) ohne schriftliche Genehmigung des Verlages reproduziert oder unter Verwendung elektronischer Systeme gespeichert, verarbeitet, vervielfältigt oder verbreitet werden.

Umschlaggestaltung: INIT, Büro für Gestaltung, Bielefeld
Coverabbildung: getty images, München
Satz: Redline Wirtschaft bei ueberreuter, Wien
Druck: Himmer, Augsburg
Bindearbeiten: Thomas, Augsburg
Printed in Germany

Inhalt

Warum dieses Buch?   7

1 Kundenzeitschriften: Kür oder Pflicht?   9
    1.1 Eine kleine Begriffsbestimmung   16
    1.2 Geschenkt und trotzdem gut?   17
    1.3 Zwischen Anspruch und Realität – Was können Kundenzeitschriften?   23

2 Aller Anfang ist schwer: Die Konzeptionsphase   31
    2.1 Auf den Inhalt kommt es an   32
    2.2 Wer hat was zu sagen?   51
    2.3 Der Weg zum Kunden   60
    2.4 Was kostet die Kundenzeitschrift?   70

3 Von der Idee zum Produkt: Die Umsetzung   85
    3.1 Die Textschmiede: Zusammenarbeit mit der Redaktion   86
    3.2 Der erste Blick zählt: Grafik und Layout   107
    3.3 Der Relaunch   138

4 Vom Klebeumbruch zum Computer: Die Herstellung   145
    4.1 Layout und Gestaltung am Computer   147
    4.2 Belichtung und Proof   150
    4.3 Probleme im Vorfeld vermeiden – Tipps aus der Praxis   154

5 Erreichen Sie Ihre Leser? Die Erfolgskontrolle   163

5.1 Treten Sie in den Dialog!   164
5.2 Sparen am richtigen Ende: Die Kostenprüfung   171

Anhang   177

Online-Stellenmärkte   179
Wichtige Adressen   181
Noch mehr Bücher ...   190
Checklisten   191
Leserbefragung   195
Honorarübersichten des DJV   197
Danksagung   199
Die Autorin   200

Stichwortverzeichnis   201

Warum dieses Buch?

> „Es wäre gut, Bücher zu kaufen,
> wenn man die Zeit, sie zu lesen, mitkaufen könnte,
> aber man verwechselt meistens den Ankauf der Bücher
> mit dem Aneignen ihres Inhalts."
> *Arthur Schopenhauer (1788–1860)*

Als freie Journalistin begegne ich beinahe täglich verschiedenen Kundenzeitschriften – sei es, um mich für meine Arbeit zu informieren oder das ein oder andere Magazin selbst zu planen beziehungsweise dafür zu schreiben. Mindestens genauso oft ärgere ich mich darüber, dass das Medium Kundenzeitschriften von vielen – Lesern wie Herausgebern – mit Werbung oder PR gleichgesetzt wird.

Ich weiß nicht, wie oft ich mir den Mund fusselig geredet habe, um meine Gesprächspartner von den Vorteilen und Möglichkeiten des Mediums Kundenzeitschrift zu überzeugen. In den Diskussionen ging es um Konzepte, Zielsetzung, Grafik und Gestaltung, Bildqualitäten und – immer wieder – um die Einhaltung verschiedener Arbeitsabläufe, Zeit- und Themenpläne. Und immer wieder habe ich mir eines gewünscht: in ein Regal greifen und ein Buch herausnehmen zu können, in dem all das steht, was schief gehen kann, wenn sich niemand an Vereinbarungen hält und Zielsetzungen außer Acht lässt.

Bei meinen Recherchen zu diesem Buch ist mir aufgefallen, dass es anderen ebenso geht. Große Agenturen und Verlage, die sich auf Kundenzeitschriften spezialisiert haben, profitieren natürlich von ihrem Know-how. Viele Unternehmen wenden sich mit der Idee einer Kundenzeitschrift jedoch an ihre bestehende PR-Agentur oder an einen Verlag in der Nähe. Doch nicht jeder, der Konzepte entwickeln, PR-Texte schreiben und Broschüren gestalten kann, ist automatisch auch ein Profi, wenn es um Zeitschriften geht. Hier sind andere Kenntnisse gefragt, die sich viele Redakteure nach und nach aneignen.

Ähnliches gilt für viele Unternehmen, die eine Kundenzeitschrift planen. Die Erwartungen sind hoch, aber die wenigsten wissen, wie diese auch erreicht werden können. Wann lohnt sich eine Kundenzeitschrift? Welche Ziele kann sie erreichen? Und was müssen Unternehmen und Redakteure beachten, um diese Ziele zu erreichen?

„Jeder bietet Kundenzeitschriften an, aber keiner verrät, wie es gemacht wird", ist eine der typischen Aussagen, die mir während meiner Arbeit an diesem Buch begegnet sind. Dieses Buch verrät es. Es zeigt Kundenzeitschriften großer und kleinerer Unternehmen, bietet einen Einblick in die Planung und den Ablauf und zeigt vor allem immer wiederkehrende Stolpersteine auf. Kurz: Es ist das Buch, das ich mir während vieler, nie enden wollender Redaktionssitzungen gewünscht habe.

Dass viele andere Journalisten, PR-Redakteure, aber auch Agenturen und Unternehmen ebenfalls auf ein solches Buch gewartet haben, konnte ich dem Feedback auf die erste Auflage dieses Buches entnehmen. Ich möchte mich an dieser Stelle bei allen bedanken, die mir durch ihre Mails und Gespräche weitere Anregungen für diese zweite Auflage gegeben haben.

Dortmund, im Februar 2004
Heike Steinmetz

1 Kundenzeitschriften: Kür oder Pflicht?

> „Wer aufhört zu werben, um Geld zu sparen,
> kann ebenso seine Uhr anhalten, um Zeit zu sparen."
> *Henry Ford*

Es gibt Unternehmen, an denen kommt keiner vorbei. Beispiel Deutsche Post: Nicht nur, dass es in regelmäßigen Abständen Filialen, Briefmarkenautomaten und Briefkästen gibt – an sechs Tagen die Woche kommt der Zusteller ins Haus oder ins Büro und bringt Briefe, Päckchen und Pakete. Dennoch investiert die Deutsche Post jährlich einen respektablen Betrag in sechs verschiedene Kundenzeitschriften. Eine Fehlinvestition? Keineswegs! Denn die unterschiedlichen Medien sprechen erfolgreich verschiedene Zielgruppen an – angefangen vom Briefmarkensammler bis hin zu kleinen und mittelständischen Unternehmen, die mit *Direkt mehr* Beispiele für wirksames Direktmarketing erhalten.

Eines haben alle Zeitschriften gemeinsam: Sie sind keine plumpe Aufforderung zum Kauf von Briefmarken, Packsets oder anderen Produkten der Deutschen Post, sondern konzentrieren sich auf für den Leser interessante und wichtige Hintergrundinformationen. Dabei geht es natürlich auch um Verkaufen, die Sicherung von Marktanteilen und die Umsetzung von Unternehmenszielen. Die Deutsche Post selbst steht bei Texten und Illustrationen nur bedingt im Mittelpunkt. „Für uns sind die Kundenzeitschriften ein Serviceangebot, das wir ganz gezielt an den Bedürfnissen unserer Kunden ausrichten", erläutert Norbert Schäfer, Pressesprecher der Deutschen Post AG. „Dabei unterscheiden wir Geschäftskunden, Privatkunden wie beispielsweise Briefmarkensammler oder die Mitglieder unseres Briefklubs LetterNet,

Aktionäre und wichtige Ansprechpartner in Politik und Gesellschaft. Jede Zielgruppe bekommt die für sie spannenden Hintergründe ansprechend und anspruchsvoll aufbereitet. Bei unseren Privat- und Geschäftskunden legen wir dabei vor allem darauf Wert, dass die Informationen praktisch angewendet werden können."

Ein Beispiel für das erfolgreiche Konzept ist *postfrisch*, das Philatelie-Magazin der Deutschen Post. Es erscheint alle zwei Monate mit einer Auflage von 750.000 Exemplaren. Das Magazin, durchgehend vierfarbig gedruckt, geht kostenlos an alle Briefmarken-Abonnenten. Trotz der Konkurrenz durch ein Verbandsjournal und drei Fachmagazine auf dem Zeitschriftenmarkt hat sich *postfrisch* innerhalb von fünf Jahren als Fachmagazin etabliert.

Abbildung 1.1 Mit der Philateliezeitschrift *postfrisch* bietet die Deutsche Post Briefmarkensammlern Hintergrundinformationen und aktuelle Tipps rund um das Thema Briefmarken.

Mit sechs verschiedenen Magazinen bildet die Deutsche Post sicherlich eine Ausnahme. Die unterschiedliche Ansprache von Geschäftskunden und Privatkunden ist aber auch bei anderen größeren Unternehmen eher die Regel. Auch E-Plus bereitet die Kundenzeitschriften zielgruppengerecht auf: *Phone* richtet sich an Privatkunden, Geschäftskunden werden über *Business* erreicht. Dass Kunde nicht gleich Kunde ist, zeigt sich auch hier: So genannte Exklusiv-Service-Kunden erhalten eine leicht abgewandelte Ausgabe der *Phone*, die unter dem Stichwort „Exklusiv" Angebote und Informationen bereitstellt, die dem durchschnittlichen E-Plus-Kunden nicht zugänglich sind. Seit Ende 2001 ist auch Geschäftskunde nicht mehr gleich Geschäftskunde: Für die Entscheider in den Unternehmen gibt es eine eigene Ausgabe der Zeitschrift *Business* mit einer Auflage von immerhin 33.000 Exemplaren.

Nach Angaben des Forum Corporate Publishing (FCP) erschienen im Jahr 2002 in Deutschland, Österreich und der Schweiz 1.620 Kundenmagazine im B2B-Bereich und weitere 1.917 Magazine im B2C-Bereich. Dies entspricht im Bereich B2C einer Steigerung von 27,9 Prozent. Zum Vergleich: Publikumszeitschriften haben im zweiten Quartal 2003 im Vergleich zum Vorquartal ein Minus von 1,72 Millionen Exemplaren verbuchen müssen.

Insgesamt haben die Kundenzeitschriften eine Auflage von ca. 456 Millionen Exemplaren. Dabei handelt es sich wohlgemerkt nur um die Zeitschriften, die dem FCP bekannt sind. Viele Zeitschriften, die von kleineren Agenturen oder von den Unternehmen selbst realisiert werden, sind bei diesen Zahlen nicht berücksichtigt.

Beinah die Hälfte der Top-500-Unternehmen gibt inzwischen mindestens ein regelmäßig erscheinendes Kundenmagazin heraus. Auch der Mittelstand hat das Potenzial erkannt, wie eine Umfrage des Forum Corporate Publishing Ende 2002 ergab. Rund 58 Prozent der FCP-Mitglieder gaben an, gerade dort den größeren Bedarf an Kundenzeitschriften zu sehen. Und dies aus gutem Grund, denn der Dialog mit den Kunden – egal ob B2C oder B2B – wird angesichts der Informationsflut immer schwieriger. Reine PR und Marketingaktivitäten allein reichen im Kampf um die Aufmerksamkeit des Kunden nicht mehr aus, zumal sich die Produkte und Serviceleistungen immer ähnlicher werden. Gefragt ist der besondere Draht zum Kunden, der ihm das Gefühl gibt, wichtig zu sein – und dem Unternehmen die Chance, Informationen gezielt zu streuen.

Abbildung 1.2 Verschiedene Zielgruppen werden von der Deutschen Post mit unterschiedlicher Gestaltung angesprochen, so wendet sich etwa die *Nachrichten-Börse* an Anleger.

Kein Wunder, dass für viele Unternehmen die Kundenzeitschrift das wichtigste Instrument der Kundenpflege ist. Vor allem, wenn es um erklärungsbedürftige Produkte und Dienstleistungen geht, können sie Inhalte wesentlich besser transportieren als Produktanzeigen. Nur wer sich gut beraten fühlt, vertraut einem Unternehmen, das aus lauter namenlosen Gesichtern besteht, sein Geld, seine Gesundheit oder seine Zukunft an. Nicht zuletzt deshalb wird vor allem in den Bereichen Finanzdienstleistungen, Versicherungen sowie Pharma und Gesundheit mit einem weiteren Wachstum gerechnet.

Kundenzeitschriften erreichen ihre Ziele dann, wenn sie sinnvoll in den Marketingmix eines Unternehmens eingebunden sind und der Corporate Identity des Unternehmens entsprechen. Auch wenn es inhaltlich nicht allein um Produkte oder Dienstleistungen geht, muss die Zeitschrift mit dem Unternehmen in Verbindung gebracht werden können – dies kann grafisch und inhaltlich geschehen. Mit dem Wiedererkennungswert zu den anderen Werbe- und Marketingmaßnahmen wird die Stärkung des Unternehmensimages erreicht.

Die Deutsche Post setzt beispielsweise für alle ihre Medien das bekannte Postgelb ein, egal ob es um Flyer, Broschüren, Anzeigen oder die Kundenmagazine geht. Dabei gibt es durchaus Unterschiede zwischen den Geschäftskundenmagazinen und jenen, die sich an private Kunden richten. Bei Letzteren übt sich die Deutsche Post in Zurückhaltung und orientiert sich weniger an den Regeln des Corporate Designs als an denen des ansprechenden Zeitschriftenlayouts. So ist bei *LetterMag*, dem Magazin für die Club-Mitglieder des von der Deutschen Post initiierten Briefclubs LetterNet, der Absender weitestgehend in den Hintergrund gerückt. Mit Absicht, denn bei dem Magazin geht es darum, die Lust an Brieffreundschaften und am Briefe schreiben zu wecken.

Auch die Deutsche Telekom setzt gezielt ihre Unternehmensfarbe Magenta ein, um dem Leser die Zuordnung zum Absender zu erleichtern.

Abbildung 1.3 Mit der Zeitschrift *LetterMag* wendet sich die Deutsche Post an Jugendliche, die Mitglieder des von dem Unternehmen initiierten Briefklubs sind.

Abbildung 1.4 Auch die Deutsche Telekom verzichtet bei ihrer Kundenzeitschrift nicht auf festgelegte Corporate-Design-Merkmale: Die Unternehmensfarbe Magenta wird mit weißer Schrift und Quadraten als grafische Elemente eingesetzt.

Wesentlich wichtiger als die grafische Zuordnung zum Unternehmen ist jedoch die Übereinstimmung mit der Corporate Identity. Dieser gern genutzte Begriff umfasst weit mehr als grafische Richtlinien; es geht um das Unternehmen als Ganzes, also um die Kommunikation (Corporate Communication) und das Verhalten beziehungsweise die Kultur (Corporate Behavior bzw. Corporate Culture) nach innen und außen. Erfolgreiche Kundenzeitschriften überzeugen ihre Leser, indem sie nicht nur die Dienstleistungen und Produkte eines Unternehmens vorstellen, sondern die dahinter stehende Idee und die Begeisterung des Unternehmens an der täglichen Arbeit widerspiegeln. Dazu gehört auch gesellschaftliches Engagement, das wenig mit Produkten oder Produktentwicklungen zu tun haben muss, aber für die Leitziele des Unternehmens steht. Umweltschutz, Toleranz und Fairness schreibt sich jedes Unternehmen gerne auf die Fahne, aber wer tut wirklich aktiv etwas dafür? Warum kann ein Kundenmagazin nicht auch einmal eine Initiative, ein Projekt oder eine Innovation vorstellen, deren Ziele mit den Unternehmensleitbildern übereinstimmen? Je mehr Mehrwert der Leser aus der Zeitschrift erhält, umso ein treuerer Leser – und Kunde – wird er.

1.1 Eine kleine Begriffsbestimmung

Die Vorstellungen darüber, wie eine Kundenzeitschrift auszusehen hat und welche Inhalte sie haben sollte, gehen oft weit auseinander. Viele Unternehmen nutzen sie als unkritisches Sprachrohr für ihre Mitteilungen, andere versuchen, über gut aufbereitete Inhalte einen Mehrwert zu bieten und sich so von der Konkurrenz abzuheben. Nichtsdestotrotz gibt es ein paar Erkennungsmerkmale, die Kundenzeitschriften von Kauftiteln und Katalogen unterscheiden.

Klassische Kundenzeitschriften wie Apothekenmagazine – die übrigens zu den bekanntesten der Gattung gehören – erreichen den Leser meistens als Zugabe des Fachhandels. Finanziert werden diese Fachhandelszeitschriften komplett durch Anzeigen und den Preis, den der Handel für die

Zeitschriften bezahlt. Das wirtschaftliche Risiko tragen Verlag und Anzeigenvermarkter. Im Gegensatz zu den Kundenzeitschriften, die von Unternehmen direkt erstellt und verteilt werden, haben die Geschäfte und Firmen keinerlei Einfluss auf den Inhalt der Magazine.

Ebenfalls zu der Kategorie Kundenzeitschrift gehören die Magazine, die von Unternehmen, Organisationen und Verbänden für die allgemeine Öffentlichkeit herausgegeben werden. In diesen Magazinen werden Dienstleistungen, Produkte oder Meinungen einer möglichst breiten Öffentlichkeit vorgestellt. Ein Teil dieser Zeitschriften wird durch Fremdanzeigen teilweise refinanziert, den Großteil der Kosten trägt jedoch der Herausgeber. Ziel dieser Zeitschriften ist es, die Beziehung zum Endverbraucher beziehungsweise Geschäftskunden sowie das eigene Image zu pflegen, die Kundenbindung zu stärken und Kaufimpulse zu geben. Den Leser erreichen sie per Post, als Supplement von Zeitungen und Magazinen oder am Point of Sale.

Neben Kundenzeitschriften mit einer eher allgemeinen Ansprache gibt es jene, die sich an bestimmte Zielgruppen richten. Herausgeber sind auch hier Unternehmen, Verbände, Vereine und Organisationen. Diese Zeitschriften wenden sich an Kunden, Lieferanten, Mitarbeiter sowie an Verbands- und Vereinsmitglieder. Auch hier tragen die Absender die Kosten und das finanzielle Risiko.

1.2 Geschenkt und trotzdem gut?

Was nichts kostet, taugt auch nichts – wir alle kennen diesen Spruch und wenden ihn bei passender Gelegenheit wohl auch gerne an. Trotz dieses Vorurteils werden Kundenmagazine nicht nur gerne mitgenommen, oft werden Unternehmen direkt auf den nächsten Erscheinungstermin angesprochen oder – werden sie per Post versandt – um Aufnahme in den Verteiler gebeten. Dass sich das Image der Kundenzeitschriften in den letzten Jahren erheblich gebessert hat, dürfte weniger am (nicht vorhandenen) Preis als schlicht an der gestiegenen Qualität liegen – textlich und grafisch. Und dass

Kundenzeitschriften mehr bieten können als platte Werbung, zeigt auch das Beispiel *Der Vermögensberater,* der von der Agentur JDB mediapool in Hamburg umgesetzt wird. Das Magazin – nach Angaben im Impressum „Ein Service Ihres Vermögensberaters von der Deutschen Vermögensberatung" – wird von Ex-Arbeitsminister Walter Riester als Beispiel für „journalistischen Sachverstand" gelobt.

Um es direkt zu sagen: Der Kampf um den Leser ist bei Kundenzeitschriften oft härter als bei Kauftiteln. Der beste und direkteste Weg in den Papierkorb ist die Anmutung eines Werbeblättchens, das der Kunde unaufgefordert erhalten hat und zum Kauf unnötiger Waren verführen soll. „Kundenmagazine sind nur dann überzeugend, wenn sie Mehrwert bieten. Der Leser muss von dem Inhalt so überzeugt sein, dass er bereit wäre, am Kiosk dafür zu zahlen. Wird das Magazin nur für die Weitergabe von Werbebotschaften missbraucht, erfährt es keine Akzeptanz und der Kunde empfindet es als Belästigung", schätzt Peter Voß, Inhaber der FOKUS Kommunikation Voß GmbH in Dortmund, die Wirkung des Mediums ein.

Diese Philosophie wurde von der Agentur unter anderem bei dem Kundenmagazin *CargoTime* umgesetzt, das FOKUS bis Ende 2002 betreute. Charakteristisch für das Heft der CargoLine GmbH war die Zurückhaltung des Herausgebers: Auf den 16 bis 20 Seiten des Magazins war CargoLine selbst nur zwei Mal vertreten: im Editorial und in der Rubrik „Infothek" auf Seite 3, wo es sich mit News aus dem Unternehmen bewusst in den Mittelpunkt stellte. Alle weiteren Themen orientierten sich an den Interessen der Geschäftskunden, die hauptsächlich aus dem Mittelstand kommen. Dementsprechend waren die Themen der Ausgabe 1/2002 LKW-Maut, Basel II und Rating. Die Artikel sind nicht nur gut recherchiert, sondern auch allgemein verständlich geschrieben und warten mit Zahlen und Fakten auf. Von Verlautbarungsjournalismus kann bei diesem positiven Beispiel keine Rede sein.

Abbildung 1.5 Information statt plumpe Werbung: *CargoTime* setzt auf Themen, die Geschäftskunden interessieren.

Gerade für Geschäftskunden-Zeitschriften ist dies ein seltenes Beispiel. Sehr oft stehen Produkte und ihre Vermarktung im Vordergrund der Texte. Anstelle von Katalogen und Beratungsgesprächen werden Kundenzeitschriften gern dazu genutzt, um Verkauftipps zu verbreiten. Oft ist dies im Sinn der Leser, deren Erfolg von der Vermarktung der Produkte abhängt. Dennoch sollten auch Geschäftskundenzeitschriften ein wenig mehr bieten als nur Informationen aus dem eigenen Unternehmen.

Neutrale Information rund um die Themen Versicherungen und Vorsorge bieten die *ivm news*, die vom Institut der Versicherungsmakler e.V. herausgegeben und von der Agentur PUBL!COM in Bonn umgesetzt werden. Der Newsletter, zweifarbig und mit einer Auflage von 20.000 Exemplaren gedruckt, wendet sich an Privatkunden, Freiberufler und Unternehmer. Trotz der sehr breit gestreuten Zielgruppe, die durchaus unterschiedliche Ansprüche und Interessen hat, bietet er auf vier DIN-A4-Seiten für alle Leser interessante Neuigkeiten. Die sachlich aufbereiteten Informationen geben einen schnellen Überblick über eventuelle Versorgungslücken und die Rechtslage. Jeder Kunde kann sich damit eine eigene Vorstellung über eventuelle Versicherungslücken machen und seinen Versicherungsberater gezielt ansprechen. Oder der Berater kennt die Lücke bereits und kann mit einem Hinweis aktuelle Entwicklungen bei seinen Kunden gezielt ansprechen.

Kundenzeitschriften können also durchaus so aufgebaut sein, dass sie sowohl den Zielen des Herausgebers als auch den Interessen des Lesers gerecht werden. Wichtig ist jedoch, dass sie sich an den Zielen von Zeitschriften orientieren: Information und Unterhaltung. Werden sie als Werbeblättchen missbraucht und ähneln sie eher einem Katalog mit etwas ausführlicheren Produktbeschreibungen, schaden sie dem Herausgeber auf vielfältige Weise: Das Geld für Redaktion, Grafik, Herstellung und Vertrieb ist in den Sand gesetzt, der Kunde fühlt sich nicht ernst genommen und ist deshalb verärgert – wodurch das Unternehmen einen gewaltigen Imageverlust statt -gewinn verbucht. Das gilt vor allem im B2C-Bereich, da hier ein starker Konkurrenzkampf zu den Kauftiteln besteht.

Kein Wunder also, dass viele Kundenzeitschriften im B2C-Bereich optisch opulent daherkommen. Dies gilt auch für den Inhalt: *Beauty talk*, vertrieben über Parfümerien, berichtet zielgruppengerecht über Schönheit, Modetrends, Lifestyle und Wellness. Herausgegeben wird das Magazin mit einer Auflage von 230.000 Exemplaren und einem Umfang von 164 Seiten von der Werbegemeinschaft unabhängiger Parfümerie-Einzelhändler, der parmaAurel. In dem zweimonatlich erscheinenden Magazin werden neue Cremes, Düfte und andere Artikel aus der Parfümerie vorgestellt – und zwar sowohl mithilfe redaktioneller Beiträge als auch durch Anzeigen. Findet sich ein interessantes Thema, in dessen Rahmen verschiedene Produkte redaktionell vorgestellt werden können, greift die Redaktion es auf. Dagegen spricht nichts. Die Aufforderung „Kauf mich!" sollte den Anzeigen vorbehalten bleiben – auch wenn das in diesem Fall nicht immer ganz gelingt.

Anders ist es im B2B-Bereich: Manager, Vertriebsleiter und andere

Leser in führenden Positionen werden kein Kundenmagazin lesen, das reine Unterhaltung verspricht. Diese Zielgruppe erwartet einen Informationsvorsprung gegenüber Mitbewerbern, die nicht zu ihrem Kundenkreis gehören. Dies können Hintergrundinformationen zu Branchentrends sein, aber auch produktbezogene Informationen.

Ein Beispiel dafür ist die Zeitschrift *Initiativbanking* der WGZ-Bank. Das Heft richtet sich an Wirtschaftsentscheider im gehobenen Mittelstand in NRW und Rheinland-Pfalz. Das Magazin begleitet die Zielgruppe in sämtlichen Entwicklungsstufen von der Unternehmensgründung bis zur Zukunftssicherung. Für Transparenz bei der Themenübersicht sorgen die drei Rubriken „Starten", „Entwickeln" und „Fortführen". Über die Sachinformationen hinaus werden in begrenztem Maße auch allgemeine Themen wie Hintergrundinformationen zu Bordeaux-Wein oder die richtige Aufbewahrung von Zigarren aufgegriffen. Dabei nutzt die WGZ-Bank diese Themen für attraktive Verlosungen unter den Lesern.

Die Zielsetzung der B2B-Magazine macht sich natürlich auch grafisch bemerkbar. Sie werden in der Regel sachlicher gestaltet als B2C-Titel, ohne damit an Anspruch zu verlieren.

Keine Kundenzeitschrift dient allein dem Zweck, den Kunden zu unterhalten. Jeder Herausgeber – egal ob Unternehmen, Dienstleister, Verein, Verband oder Organisation – möchte mit der Herausgabe einer Kundenzeitschrift ein bestimmtes Ziel erreichen. Dazu kann politische Meinungsbildung ebenso gehören wie die Pflege des eigenen Images oder schlicht die Steigerung von Produktverkäufen. All diese Ziele sind legitim und werden vom Leser auch akzeptiert. Vorausgesetzt, es werden ein paar einfache Regeln befolgt: Stellen Sie den Kunden in den Mittelpunkt! Geben Sie ihm einen Grund, weshalb er seine Zeit mit Ihrem Magazin verbringen sollte. Konzipieren Sie Ihre Kundenzeitschrift nicht als Verlautbarungsorgan, sondern als Dialogmöglichkeit. Nutzen Sie es, um Produkte und Dienstleistungen transparenter zu machen und Informationen mit äußerst geringen Streuverlusten zu transportieren. Sprechen Sie Ihre Leser über die zielgruppengerechte Konzeption Ihrer Zeitschrift an. Dazu gehört neben der Themenauswahl, der Sprache und der grafischen Gestaltung auch der Mix von Information und Unterhaltung. Gut gemacht kommen Kundenzeitschriften sowohl im B2B- als auch im B2C-Bereich an.

Kundenzeitschriften, egal ob B2C oder B2B, wirken auf drei verschiedenen Ebenen und verfolgen drei verschiedene Ziele:

- Journalistische Ziele
- Kommunikationsziele
- Marketingziele

Diese Ziele sollten bei der Planung und Umsetzung der Zeitschrift nicht aus den Augen verloren werden.

Zu den journalistischen Zielen gehören das eigenständige Konzept, Informationswert, Unterhaltung, Nutzwert und die Glaubwürdigkeit. Dabei müssen nicht nur die Kunden, sondern auch Fachjournalisten überzeugt werden, die sich anhand von Kundenzeitschriften über das Unternehmen und seine Stellung in der Branche informieren. „Wenn sich die Beiträge mit den Pressemitteilungen oder den Veröffentlichungen der Marketingabteilung decken, haben Kundenzeitschriften ihr Ziel eindeutig verfehlt", schätzt Marion Frahm, freie Journalistin in Hamburg, die journalistische Wirkung von Kundenzeitschriften ein.

Dies gilt auch für die Kommunikationsziele, zu denen Kundenbindung, Image, Marke, Positionierung und Kompetenzvermittlung gehören. Hier spielen Schlagworte wie Mehrwert für den Kunden, Wettbewerbsbeobachtung und Hintergrundinformationen eine Rolle. Um dies zu erreichen, müssen die Beiträge nicht nur gut recherchiert und fundiert aufbereitet, sondern auch verständlich geschrieben sein. Reine PR hat hier nichts verloren, vielmehr muss das Unternehmen durch gute journalistische Arbeit überzeugen.

Die Marketingziele umfassen die Vernetzung von Marketing- und Kommunikationsaktivitäten, Customer Relationship Management, den Dialog mit dem Kunden, Cross Selling, die Generierung von Informationen über den Leser und nicht zuletzt eine zumindest teilweise Refinanzierung. Hier zeigt sich, ob Sie die Zeitschrift geschickt in den Marketing-Mix eingebaut haben und ob sie sich mit anderen Angeboten ergänzt.

Wenn Sie all diese Punkte bei der Konzeption und Realisierung im Auge behalten und zudem Ihren Kunden dabei nicht vergessen, kann dem Erfolg Ihrer Kundenzeitschrift fast nichts mehr im Weg stehen. Sie sind noch skeptisch? Dann überzeugen vielleicht folgende Zahlen, die Mediaedge: CIA im Februar 2002 ermittelt hat:

- 77,9 % der Befragten schätzen Kundenzeitschriften, weil sie kostenlos sind.
- 69 % sind durch Kundenzeitschriften auf neue Produkte aufmerksam geworden.
- 62 % lesen zwei bis drei unterschiedliche Titel.
- 55,5 % haben Interesse am Inhalt.
- 53 % interessieren sich für die Produkte.
- 46 % halten sie für ein „willkommenes Serviceangebot" der Unternehmen.
- 45,0 % schätzen den hohen Informationsgehalt.
- 23,6 % halten sie für glaubwürdig.
- 22,8 % schätzen die gute Verfügbarkeit.
- 34,0 % lesen oder blättern mehrmals im Monat in Kundenzeitschriften.

1.3 Zwischen Anspruch und Realität – Was können Kundenzeitschriften?

So unterschiedlich die Kundenzeitschriften, so verschieden sind auch ihre Ziele. Sie können neben der reinen Informationsvermittlung über Produkte oder Dienstleistungen zur Steigerung des Images, zur Verkaufsförderung oder Neukundengewinnung beziehungsweise Kundenbindung eingesetzt werden.

Oft sind es mehrere Ziele, die mit einer Zeitschrift verfolgt werden. Beispiel Tchibo: Beim *Tchibo-Magazin*, das sich an Endkunden richtet, geht es nicht allein um den Aufbau oder die Pflege des eigenen Images, sondern schlicht um Umsatzsteigerung. Durch die Integration des TV-Programms werden Kunden ganz gezielt in die Filialen gelockt – und zwar immer mittwochs, am Tchibo-Tag. Magazin, TV-Programm und das neue Warenangebot sind so synchronisiert, dass sich die Kunden direkt vor Ort mit den neuen Produkten beschäftigen können. Mit Erfolg: Der Umsatz stieg seitdem um geschätzte 50 Millionen Euro.

Auch bei *postfrisch*, der bereits erwähnten Philatelie-Zeitschrift der Deutsche Post, geht es nicht nur um Kundenbindung. Jede Ausgabe ist mit zwei Responsekarten versehen, die zum Kauf der auf den letzten drei Seiten des Heftes vorgestellten Philatelie-Produkte auffordern. Der Erfolg bleibt nicht aus: Die Deutsche Post bezeichnet die Zeitschrift selbst als „erfolgreichen Umsatzträger".

Verkaufsförderung und Kundenbindung stehen auch bei anderen Titeln, die am Point of Sale vertrieben werden, im Mittelpunkt. Drogerie- und Reformhaus-Zeitschriften gehören ebenso dazu wie die wohl bekannteste aller Kundenzeitschriften, die *Neue Apotheken Illustrierte*, mit einer Auflage von 1,53 Millionen Exemplaren pro Monat. Das Institut für Demoskopie in Allensbach bescheinigt der Zeitschrift 3,13 Millionen Leserinnen und Leser, die nicht zuletzt aufgrund der fundierten und gut aufbereiteten Informationen zu dem Heft greifen dürften. In der Redaktion sitzen neben Redakteuren und Volontären auch Apotheker mit einer journalistischen Ausbildung, die die Berichte auf sachliche Richtigkeit und Verständlichkeit hin prüfen.

Ganz andere Ansprüche haben Automarken wie BMW, Mercedes und Co. Hier geht es um langfristige Kundenbindung durch den Transport des Images und durch das Schaffen von Erlebniswelten. Das BMW-Motto „Freude am Fahren" zieht sich durch das vierfarbige Hochglanzheft mit dem schlichten Titel *BMW Magazin*. Wenn es mal nicht um Autos oder Traumstraßen in Mexiko geht, spielen Lebensart und Schnelligkeit in den Texten dennoch eine Rolle. Da kann ein Beitrag mit dem Titel „Zum Siegen geboren" auch schon mal über Renndromedare in Dubai berichten.

Unterhaltung gepaart mit Informationen über das Unternehmen stehen im Mittelpunkt der Zeitschrift *mobil*, die von G + J Corporate Media für die Deutsche Bahn realisiert wird. Mit diesem Heft soll Kunden das Reisen in den Fernzügen angenehmer gemacht werden – angesichts der oft überfüllten und verspäteten Züge keine einfache Aufgabe. Die Investition in die 500.000 Exemplare der monatlich erscheinenden Zeitschrift scheint sich dennoch zu lohnen – bei einer Zugfahrt konnte ich einem Gespräch zwischen zwei Mitreisenden entnehmen, dass einer der Herren seiner Mutter regelmäßig das Heft mitbringt.

Fernweh bei den Lesern wecken und über Serviceangebote während des Flugs informieren sollen die Magazine der Fluggesellschaften, wie beispielsweise das *flug journal* von Hapag-Lloyd oder *condor* von der gleichnamigen Fluggesellschaft. In den Magazinen werden die unterschiedlichsten Reiseziele ausführlich mit Reportagen und mit sehr guten, ansprechenden Fotografien vorgestellt. Außerdem gibt es Informationen zum aktuellen Kinoprogramm im Flugzeug.

Informieren und Bedarf wecken gehört zu den Zielen der bereits erwähnten Zeitschrift *Der Vermögensberater*, die von 27.000 selbstständigen Vermögensberatern an ihre Kunden verteilt wird. „Das clevere Finanzmagazin für Sparer und Anleger" – so der Untertitel – informiert über Versicherungen, Steuern und Geldanlagen. Das Magazin ist an zwölf Stellen personalisiert, sodass jeder Leser von seinem persönlichen Vermögensberater individuell angesprochen wird. Neben interessanten Hintergrundinformationen werden im Heft gezielt Versicherungen und Bankprodukte vorgestellt, über die weitere Informationen angefordert werden können. Damit der Kunde nicht lange zögert beziehungsweise nachdenkt, ist ein personalisiertes Antwortformular bereits vorbereitet und im Heft integriert. Alles, was der Leser noch machen muss, ist das gewünschte Thema anzukreuzen und das Ganze per Fax oder als Brief an den Berater zu schicken. Selbst den Umschlag dazu muss er nicht suchen – das Formular wird einfach zu einem solchen gefalzt.

Gezielte Kommunikation gegen sich immer ähnlicher werdende Produkte

Autos und Versicherungen werden sich genau wie Cremes und Kopfschmerztabletten immer ähnlicher. Dies wissen auch die Kunden, die immer wieder auf dem Sprung zu anderen Anbietern sind. Die Abwanderung der Endkunden ist in den letzten Jahren branchenunabhängig auf durchschnittlich 15 bis 28 Prozent per annum gestiegen. Nun ist es eine alte und bekannte Weisheit, dass es zehnmal teurer ist, einen Neukunden zu gewinnen, als einen bestehenden zu halten. Dazu müssen die Kunden allerdings bei Laune gehalten werden – beispielsweise durch Value Added, also Mehrwert.

Erzählen Sie dem Kunden, welche Vorteile es mit sich bringt, Ihr Kunde zu sein. Arbeiten Sie die Unterschiede zu ähnlichen Produkten bzw. Anbietern heraus. Hofieren Sie Ihren Kunden ruhig einmal, aber bitte ohne zu übertreiben. Erzählen Sie ihm, dass er zu einer besonderen Art Mensch gehört, weil er ein bestimmtes Auto fährt. Dass er klug, gebildet und wirtschaftlich interessiert ist, weil er sein Geld bei Ihrer Bank anlegt. Oder dass seine Wahl für Ihre Schokoladenmarke ihn zu einem Menschen mit besonderer Lebensart macht.

Dies alles können Sie in einer Kundenzeitschrift journalistisch und grafisch verpacken und so Ihren Kunden langfristig an sich binden. Sie glauben nicht an den Erfolg? Dann sind Sie im Irrtum. Abgesehen davon, dass es jeder Mensch mag, wenn man ihm – unaufdringlich – schmeichelt und sein Selbstbild unterstützt, haben Kundenzeitschriften eine attraktive Leserschaft. Die Allensbacher Relation-Media-Analyse, kurz ARMAda, fand im Jahr 2000 heraus, dass Kundenzeitschriften in ihrer Zielgruppenaffinität den meisten Publikumszeitschriften überlegen sind, da sie meistens von Intensivkonsumenten im jeweiligen Produktsegment gelesen werden. So haben

Kundenzeitschriften der Finanzdienstleister mehr als doppelt so viel Aktienbesitzer unter ihren Lesern, als sie der Bevölkerungsdurchschnitt aufweist. Wer möchte da noch von Streuverlusten sprechen?

Natürlich gibt es auch für Kundenzeitschriften keine Erfolgsgarantie. Wer seine Leser und damit die mit der Herausgabe einer Zeitschrift verbundenen Ziele erreichen möchte, muss sich vorab darüber im Klaren sein, was er will. Dabei sind ein klares Konzept, Zielgruppenorientierung und eine gute Portion Kreativität wichtiger als ein Mammutbudget. Für den Kunden zählt weniger, wie viel Geld in ein Magazin investiert wird, als das Ergebnis, das er in den Händen hat. Gerade deshalb sind Kundenzeitschriften auch für kleinere und mittlere Unternehmen ein ideales Instrument zur Kundenbindung. Vorausgesetzt, das zur Verfügung stehende Budget wird richtig eingesetzt, können auch Publikationen mit ein oder zwei Farben überzeugend und ansprechend sein. Oder Sie konzentrieren sich auf Online-Publikationen, die keine Druckkosten verursachen, dafür aber ohne Streuverluste schnell den Leser erreichen.

Je nach Zielsetzung und Absender kann ein zu großes Budget sogar mehr schaden als nutzen. Stellen Sie sich vor, Sie sind Mitglied in einem gemeinnützigen Verein, der sich für Flüchtlinge, Kranke oder Behinderte einsetzt und der Ihnen regelmäßig vierfarbige Hochglanzmagazine ins Haus schickt. Selbstverständlich würden Sie sich fragen, ob Ihr Geld gut angelegt ist oder ob Sie nicht lieber eine Organisation unterstützen, die das Geld für diejenigen einsetzt, für die es gedacht ist. Gemeinnützigen Vereinen und Organisationen wird sehr oft schon das Werbebudget zur Gewinnung neuer Mitglieder übel genommen, da dieses Geld anderweitig Leben retten oder Leid mildern könnte. Wie wirkt da erst ein Hochglanzmagazin?

Kundenmagazine –
eine Dialogmöglichkeit für Mittelständler?

Als freie Journalistin spreche ich des Öfteren mit Geschäftsführern kleinerer und mittlerer Unternehmen. Bei der Frage nach Kundenzeitschriften ernte ich oft einen überraschenden Blick und den Hinweis, „so groß" sei man noch nicht. Dabei hat die Herausgabe einer Kundenzeitschrift nichts mit der Größe eines Unternehmens zu tun, sondern mit der Frage, ob es was zu sagen hat.

Nicht nur bei den großen Unternehmen ähneln sich die Produkte und Dienstleistungen immer mehr; vor allem kleinere Unternehmen haben unter dem immer stärkeren Konkurrenzkampf zu leiden. Viele reagieren mit günstigeren Preisen, sparen im eigenen Unternehmen und an ihren Mitarbeitern – und müssen irgendwann aufgeben. Selbst dann, wenn ihr Produkt dem der Konkurrenz in dem einen oder anderen Punkt überlegen ist.

Eine andere Alternative wäre, den Kunden mehr Service für das gleiche Geld zu bieten – beispielsweise durch eine Kundenzeitschrift, bei der durchaus der Service-Gedanke im Vordergrund stehen kann. Vor allem, wenn es sich um B2B-Kontakte handelt, bei denen Preise weniger ausschlaggebend sind als gute Beratung und Betreuung. Auf wenigen Seiten, die gut recherchiert und gestaltet werden, können sich gerade auch kleinere Unternehmen mit einem ebenso kleinen Kundenkreis als kompetente Ansprechpartner profilieren und die wesentlichen Unterschiede zu den Wettbewerbern herausarbeiten. In einer solchen Zeitschrift oder einem Newsletter können Hintergrundinformationen über die Branche, Kooperationen, Branchenlösungen, neue Produkte und Serviceangebote vorgestellt werden. Bieten Sie Ihren Kunden maßgeschneiderte Lösungen an, kann eine gut aufbereitete Reportage Bedarf bei anderen Kunden wecken und Ihre Flexibilität betonen. Und das alles lässt sich im Zweifel auch mit ein oder zwei Farben anspruchsvoll umsetzen.

Gerade im Wettbewerb mit anderen kleineren Unternehmen können

Sie mit guter externer Kommunikation gezielt Pluspunkte sammeln und Ihren Kunden gegenüber Wertschätzung ausdrücken. Vorausgesetzt, Sie missbrauchen Ihre Publikation nicht, um platte Werbung zu verbreiten.

Wie eng der Pfad zwischen Werbung und Mehrwert sein kann, zeigt sich an der Geschäftskundenzeitschrift des Verlags Galileo Press. Auf vier bis acht Seiten erfahren Buchhändler, welche Neuerscheinungen in den nächsten Monaten auf den Markt kommen, welche Veröffentlichungen sich verzögern und wer neu im Galileo-Team ist. Obwohl der Inhalt der *Galileo News* sehr stark auf die Bücher zugeschnitten ist, hat der Buchhändler einen erkennbaren Mehrwert: Er kann seine Kunden bei der Suche nach Fachbüchern gezielt beraten und dabei auf die Titel hinweisen, die erst in den nächsten Wochen erscheinen werden. Diese Kompetenz führt zur stärkeren Kundenbindung – zwischen dem Buchhändler und seinem Kunden vor Ort, zwischen Verlag und Buchhändler und, über einen kleinen Umweg, zwischen Endkunde und Verlag.

2 Aller Anfang ist schwer: Die Konzeptionsphase

> „Wenn ich Hundefutter verkaufen will,
> muss ich erst einmal die Rolle des Hundes übernehmen;
> denn nur der Hund allein weiß ganz genau,
> was Hunde wollen."
> *Ernest Dichter (1907–91),*
> *amerikanischer Sozialforscher*

„Kundenzeitschrift? Haben wir noch nicht, wollten wir aber immer mal machen – wenn mehr Geld da ist." So oder ähnlich reagierten einige Unternehmen bei der Recherche für dieses Buch. Gefragt nach den Inhalten der gedanklich geplanten Zeitschrift folgte ein Schulterzucken. Über den Inhalt wussten die Befragten nur so viel, dass es sich um ihr Unternehmen beziehungsweise dessen Produkte und Dienstleistungen handeln sollte.

Mit dieser Reaktion haben sie mir in zwei Punkten Recht gegeben: Kundenzeitschriften sind fester Bestandteil des Marketing-Mix – was auch die Unternehmen wissen, die (noch) keine eigene Zeitschrift herausgeben. Und die meisten kleineren oder mittelständischen Unternehmen scheuen das vermeintliche finanzielle Risiko – das ihnen immer dann in den Sinn kommt, wenn sie an Hochglanzmagazine denken.

Dabei muss nicht alles vierfarbig sein und 100 Seiten haben. Weniger ist manchmal mehr – das gilt für die Verpackung ebenso wie für den Inhalt. Kundenzeitschriften lassen sich durchaus in einem guten Kosten-Nutzen-Verhältnis realisieren, ohne das Budget eines Unternehmens zu sprengen. Damit dies erreicht wird, müssen jedoch zunächst ein paar wesentliche Fragen beantwortet werden. Auf der Basis dieser Antworten kann dann die

Zeitschrift oder der Newsletter konzipiert werden, der zu Ihrem Unternehmen passt.

Auch wenn sich Themen und Produkte vieler Kundenzeitschriften ähneln, sollten Sie sich davor hüten, bei anderen abzugucken. Mit der Kundenzeitschrift präsentieren Sie Ihr Unternehmen nach außen, nicht die Konkurrenz. Vermeiden Sie Lösungen „von der Stange" oder schnelle, unreflektierte Konzepte. Je genauer Sie wissen, was Sie wem sagen möchten, umso besser wird Ihr Magazin.

2.1 Auf den Inhalt kommt es an

Kundenzeitschriften fordern doppelt heraus: Ihre formale, inhaltliche und redaktionelle Gestaltung muss den Unternehmens- und Marketingzielen des Herausgebers entsprechen. Gleichzeitig müssen sie so konzipiert sein, dass sie die Zielgruppe ansprechen und die gewünschten Inhalte durch Text und Erscheinung kommunizieren.

Jeder Journalist, der bereits mit der Umsetzung einer Kundenzeitschrift Erfahrungen gesammelt hat, kennt diesen Spagat zwischen Auftraggeber und Leser. Je knapper das Budget und damit die zur Verfügung stehende Seitenzahl ist, umso lieber wird auf „schmückendes Beiwerk" verzichtet und das Unternehmen beziehungsweise seine Produkte und Dienstleistungen in den Vordergrund gerückt. Begründet wird dies gern mit dem Hinweis, dass sich die Kundenzeitschrift sonst für das Unternehmen nicht rechnet.

Dieses Vorgehen schließt eine gut gemachte Kundenzeitschrift nicht aus. Im B2B-Segment sind durchaus handfeste Informationen zu Produkten und Dienstleistungen gefragt. Aber auch sie sollten den journalistischen Ansprüchen einer Zeitschrift genügen und sich nicht an den Ideen der Verkaufsunterlagen orientieren. Anders ist es im B2C-Bereich: Hier kann die permanente Betonung der Produkte und ihrer Vorteile leicht dazu führen, dass Kunden übersättigt werden und abwandern. Wer immer nur schreibt, wie toll er ist, wiederholt sich leicht und wird auf Dauer unglaubwürdig.

Vor der Umsetzung der Kundenzeitschrift steht deshalb die Konzeption, die Inhalte, Zielsetzungen und Zielgruppen festlegt und mit folgenden Fragen beginnt:

- Wen wollen wir erreichen?
- Was wollen wir erreichen?
- Wie wollen wir das erreichen?
- Wo liegt der Zusatzgewinn für den Leser?

Dass die Fragen „Was?" und „Wen?" in engem Zusammenhang stehen, liegt scheinbar auf der Hand – es geht letztendlich um den Kunden und, in welcher Form auch immer, um das Geschäft mit ihm. Ob er sein Geld in Ihre Produkte und Dienstleistungen investiert oder ob er zur Konkurrenz geht, hängt davon ab, ob er sich bei Ihnen wohl beziehungsweise ernst genommen fühlt. Und dies wiederum ist abhängig von der Zielgruppenansprache.

Machen Sie sich ein Bild von Ihrem Kunden! Sammeln und analysieren Sie alle Informationen, die Sie bekommen können. Sie werden schnell merken, dass es *den* Kunden nicht gibt, sondern verschiedene Kundentypen. Dies macht Ihre Aufgabe nicht leichter. Haben Sie es mit stark differierenden Zielgruppen und Kommunikationszielen zu tun, sollten Sie über mehrere Zeitschriften nachdenken. Können Sie einen fest umrissenen Leserkreis definieren – was bei B2B-Magazinen häufig einfacher ist als bei B2C-Zeitschriften –, reicht ein Titel aus.

Zielgruppen können Fachhändler sein, die Ihre Produkte vor Ort anbieten – angefangen vom Buchhändler über Tabakwarengeschäfte bis hin zu Baumärkten. Diese Gruppen sind relativ leicht zu fassen und zu definieren. Schwieriger wird es bei Handy-Nutzern oder Diabetikern. Sie kommen aus allen Bevölkerungsschichten, sind unterschiedlich alt, verfügen sowohl über geringe als auch über hohe Einkommen und haben die verschiedensten Hobbys und Vorlieben.

Für diese Zielgruppen eine Zeitschrift zu entwickeln, die alle anspricht, ist unmöglich. Das gilt auch für die Diabetiker, und das nicht nur wegen der verschiedenen Krankheits-Typen und der unterschiedlichen Stärke der Krankheit, sondern auch weil neben älteren auch immer mehr junge Menschen von der Krankheit betroffen sind. Dementsprechend unterschiedlich sind die Ansprüche und Lebensgewohnheiten der potenziellen Leser.

Je feiner Sie die Zielgruppe anpeilen, desto geringer sind die Streuverluste und die Konkurrenz durch andere Zeitschriften. In den USA gibt es bereits ein Magazin für junge Eltern, das mit dem Kind „wächst". So bekommen die Leser immer die für sie interessanten Informationen rund um das Baby beziehungsweise Kleinkind. Die Idee ist einfach und überzeugend, wenn sie sich auch nicht in jedem Fall so leicht umsetzten lässt. Aber auch für Ihre Zeitschrift gilt: Die Zielgruppe ändert sich – manchmal schneller als dem Herausgeber lieb ist. Stellen Sie Ihr Magazin deshalb öfter auf den Prüfstand!

Die Kunst der Verführung

Eine der kritischsten Zielgruppen sind die Endverbraucher. Um sie zu erreichen, muss der Eindruck eines reinen Werbeblattes unbedingt vermieden werden – selbst wenn der Titel der Verkaufsförderung dient und am Point of Sale ausliegt. Natürlich wissen auch Kunden in Drogerien, Reformhäusern oder Apotheken, dass sie mit den Titeln zum Kauf verführt werden sollen. Es kommt eben auf die Kunst der Verführung an.

Bleiben wir bei den Reformhäusern und Bioläden. Was früher als „öko" belächelt wurde, ist nach all den Lebensmittelskandalen für viele selbstverständlich geworden: das Einkaufen in Geschäften, die früher den so genannten „Alternativen" oder „Müslis" vorbehalten waren. Natürlich haben auch Reformhäuser und Bio-Läden Kundenzeitschriften. Der *Reformhaus Kurier* spiegelt ein wenig das alte Bild wider – dünnes Papier, viele Anzeigen von Kurheimen, Sanatorien und Nahrungsergänzungsmitteln für reife Männer und Frauen in den Wechseljahren lassen leicht auf die Zielgruppe schließen. Erfolgreich, obwohl noch relativ neu auf dem Markt, ist *eve*, das von der Medienfabrik Gütersloh herausgeben wird und „mit freundlicher Unterstützung" der Firma dennree Naturkost erscheint. Auch hier dreht sich alles um das Thema Gesundheit und Ernährung – beispielsweise in Form von Reportagen über den Bäckermeister Karl-Otto Werz und ein Bio-Hotel, Hintergrundberichte über Bio-Bauern, Äpfel oder Kartoffeln und Tipps für Einsteiger. Aufgeräumt und modern widmet es sich an den kritischen Verbraucher, der wissen möchte, was auf seinen Tisch kommt. Und es scheint anzukommen: Wer nicht auf das aktuelle Magazin verzichten möchte, kann die sechs Ausgaben jährlich zu einem Preis von 10 Euro abonnieren.

Eines ist beiden Magazinen gemeinsam: Es geht beim redaktionellen Inhalt um die Lebensweise, zu der der kritische Umgang mit Lebensmitteln gehört. Produktwerbung bleibt hier den Anzeigen vorbehalten. Der Unter-

Abbildung 2.1 Das Magazin *eve* hat den Sprung ins Bewusstsein der Leser geschafft und kann abonniert werden.

schied liegt in der Gestaltung, der Leseransprache und der Themenauswahl beziehungsweise -aufbereitung. So scheut sich der *Reformhaus Kurier* nicht, bei Themen wie Patientenrecht oder Anti-Age-Cremes, Menschen abzubilden, denen man ihr Alter ansieht. Ganz anders *eve*. Hier erblickt des Lesers Auge Kinder und junge Familien. Auch das Layout wirkt moderner und spricht ganz klar eine jüngere Zielgruppe an, die wahrscheinlich eher zögernd zum *Reformhaus Kurier* greifen würde.

Etwas anders kommen die Kundenmagazine von Ihr Platz und dem Modehaus Adler daher. Letzteres zeigt zwar zielgruppengerecht Trends für die jeweilige Jahreszeit; durch Angabe der Größe und Preise unter einem Teil der abgebildeten Kleidungsstücke wird die Intention des Magazins jedoch sehr deutlich. Um den Leser dennoch zum Mitnehmen des Heftes zu animieren, werden zudem branchenfremde Themen angeboten. Thema in Ausgabe 4/2001 des *Adler journals* waren beispielsweise die Einführung des Euro, Stil-

Abbildung 2.2 Katalog oder Zeitschrift? Das Modehaus Adler setzt bei seinem *Adler journal* auf Abwechslung, um die Kunden erneut ins Haus zu locken.

beratung, Kürbisrezepte und die Algarve. Natürlich durften auch Tipps zur perfekten Partnerschaft nicht fehlen. Nach einem kurzen Blick ins Heft ist klar: Die Leser sind weiblich, berufstätig und/oder haben Familie.

Durch diese Mischung aus Produktangebot und Unterhaltung beziehungsweise Information sollen die Leser erneut in den Modemarkt gelockt werden, nachdem sie sich zu Hause entspannt mit dem Magazin und den Modetrends beschäftigt haben. Reine Produktinformationen würden hingegen dazu führen, dass das Heft zur Information vor Ort dienen und noch im Modemarkt im Papierkorb landen würde. Eine emotionale Bindung über das Kauferlebnis hinaus wäre so weitaus schwieriger.

Eine ganz andere Zielgruppe, aber nicht weniger kritisch, sind die Leser von Mitgliedermagazinen. Herausgegeben von Verbänden, Vereinen, Organisationen oder Klubs, sollen sie die Mitglieder über Branchen-News, Hintergründe, Dienstleistungen, Termine oder das gemeinsame Hobby informieren. Bei diesen Magazinen, zu denen Krankenkassen-Titel ebenso gehören wie die Zeitschrift von amnesty international oder des ADAC, ist Fingerspitzengefühl gefragt. Hier sollten sich die Themen nicht nur auf die Branche beschränken beziehungsweise um das Verbands- oder Vereinsziel drehen, sondern das Mitglied muss gleichzeitig davon überzeugt sein, dass sein Geld gut investiert ist – und nicht allein zur Realisierung des Magazins dient. Dies ist vor allem bei sozialen Einrichtungen und gemeinnützigen Vereinen zu beachten.

Dass sich Informationen für Mitglieder auch äußerst preisgünstig umsetzen lassen, zeigt der Newsletter von Migranet, des Bonner Netzwerkes Migration. Migranet besteht aus mehreren Arbeitskreisen, die sich regelmäßig treffen und bestimmte Themen aufgreifen und erarbeiten. Um unnötige Parallelarbeiten zu vermeiden, berichtet der Newsletter regelmäßig über die Arbeiten der Arbeitskreise und des Netzwerkes. Da Geld auch hier Mangelware ist, wird der Newsletter digital umgesetzt und als PDF-Datei ins Internet gestellt – öffentlich zugänglich für alle Interessenten. Gewollter Zusatznutzen: Jeder, der den Newsletter lesen möchte, muss auf die Homepage.

Diesen „Besuch" beim Netzwerk nutzen die meisten, um sich über aktuelle Termine zu informieren, Protokolle der Arbeitskreise auf den eigenen PC zu speichern usw.

Auch dieses Konzept geht nur auf, weil sich die Zielgruppe bei der Themenauswahl wiederfindet. Die Leser des Newsletter erwarten konkrete Informationen zum Netzwerk, den Arbeitskreisen und Akteuren. Auch wenn es sich beim Leserkreis um Menschen handeln, die sich mit den Themen Migration, Ausländerpolitik und verwandten Bereichen beschäftigen, fehlen Angebote wie Rezepte aus der interkulturellen Küche oder – um es ganz spitz zu formulieren – das chinesische Horoskop.

Ähnliches gilt für den B2B-Bereich. Hier steht die langfristige Kundenbeziehung im Mittelpunkt der Themenwahl. Dementsprechend sind fachliche Informationen gefragt, kein Lifestyle. Zu den Themen können beispielsweise gehören: neue Produkte und deren Handling, Porträts über Ansprechpartner im Unternehmen, Marktdaten und Hintergründe sowie konkrete Tipps und Tricks für den eigenen geschäftlichen Erfolg.

Ein erfolgreiches Beispiel ist die Kundenzeitschrift *Wundforum* der Paul Hartmann AG, die sich in medizinischen Kreisen als Fachmagazin etabliert hat. Mediziner, Pflegekräfte und Krankenhausmanager erfahren auf 36 Seiten Wissenswertes rund um Wundforschung, Wundbehandlung und Nachsorge – geschrieben von Medizinern für Mediziner. Mit Erfolg: Beiträge der Zeitschrift finden sich in wissenschaftlichen Publikationen wieder, was neben der verständlichen Sprache auch daran liegt, dass mit dem Magazin thematisch eine Lücke innerhalb der medizinischen Fachtitel geschlossen wurde.

Auch am Beispiel Investoren lässt sich die Themenauswahl gut aufzeigen: Neben der vorgeschriebenen regelmäßigen Bilanz-Berichterstattung für börsennotierte Unternehmen sind hier Hintergrundinformationen über den Markt, Infos zur mittel- und langfristig geplanten Entwicklung des Unternehmens, Konkurrenzbeobachtung, allgemeine Informationen zum Börsenmarkt und Buchtipps gefragt. Wird die Zeitschrift von einer Bank herausgegeben, verbreitert sich das Spektrum entsprechend.

Verständlich aufbereitete Informationen stehen auch im Mittelpunkt des *Roche Magazins*: Dreimal jährlich informiert es Ärzte, Apotheker und Lehrkräfte aus dem Bereich der Naturwissenschaften, aber auch die deutschsprachigen Roche-Mitarbeiter über aktuelle Gesundheitsthemen. Dabei werden die Texte so geschrieben, dass sie auch für den Nicht-Fachmann verständlich sind. Ein attraktives Layout und kreative Bilder ziehen den Leser zudem ins Heft.

Mitarbeiter – die internen Kunden

Mitarbeiterpublikationen sind keine neue Erfindung. Der *Schlierbacher Fabrikbote*, wahrscheinlich die erste Mitarbeiterzeitschrift in Deutschland, erschien 1888. Zu dieser Zeit ging es den Herausgebern allerdings weniger um den direkten Dialog mit den Mitarbeitern – die Werkszeitungen stellten vor allem die Interessen der Unternehmer in den Vordergrund. So erschien die erste Ausgabe des *Schlierbacher Fabrikboten* mit dem Aufruf „Bete und arbeite und streike nicht". Lange Zeit waren die Mitarbeiterzeitschriften das alleinige Sprachrohr der Unternehmer, die nicht selten auch der politischen Agitation dienten. Zum Glück nahm diese Funktion nach dem Ende des ersten Weltkrieges zunehmend ab. Das Mitbestimmungsgesetz aus dem Jahr 1976 nahm der Unternehmungsleitung die alleinige Verfügungsgewalt über die Information und gab den Angestellten so die Möglichkeit, interne Medien mitzugestalten.

Trotzdem werden die meisten Mitarbeitermedien noch immer von der Geschäftsführung oder der Unternehmenskommunikation initiiert. Kein Wunder, dienen sie doch – ebenso wie Kundenmagazine – ganz konkreten Kommunikationszielen. Dazu gehören Unternehmens- und Qualitätsziele ebenso wie Mitarbeitermotivation bzw. -integration und andere.

Mitarbeiterzeitschriften sollten natürlich nicht erst herausgegeben werden, wenn eine Unternehmenskrise ansteht oder wesentliche Strukturen geändert werden. Gerade in diesen Zeiten können gut gemachte Publikationen jedoch die Mitarbeiter motivieren, Unsicherheiten abbauen und so durchaus auch Kündigungen vermeiden. Dies zeigt auch das Beispiel der ANEMO Logistics in Wuppertal: Im Februar 2003 wurde die ehemalige Tochter der Christian Salvesen dem damaligen Vorstandsmitglied Torben Sigenstrøm zum Kauf angeboten, bereits Ende Mai präsentierte er das Unternehmen unter neuem Namen. „Viele unserer rund 600 Mitarbeiter waren verunsichert, wie es weitergehen wird und welche Zukunft sie in unserem Unternehmen haben. Zeitgleich mit dem neuen Auftritt haben wir sie deshalb mit unserer Mitarbeiterzeitschrift *ANEMO:team* ausführlich über die Hintergründe informiert – und über die Änderungen, die intern anstehen. Dabei war uns Offenheit ein wichtiges Anliegen", erläutert Michael Schnaubelt, der als Direktor Verkauf & Marketing für die Realisierung des Projekts verantwortlich war.

Parallel zum Kundenmagazin bringt das Unternehmen mit *ANEMO:friends* eine Kundenzeitschrift heraus, die die Kunden informiert. Das erste Heft erschien, ebenso wie die Mitarbeiterzeitschrift, pünktlich zum ersten offiziellen Auftritt des Unternehmens. Obwohl die Themen aufgrund der aktuellen Ereignisse teilweise identisch waren, wurden sie für die entsprechenden Zielgruppen unterschiedlich aufbereitet. Außerdem erschien das Mitarbeitermagazin mit einem knappen zeitlichen Vorsprung. Dies erhöhte zwar den Zeitdruck, entsprach aber der Unternehmensstrategie. „Uns war es wichtig, dass unseren Mitarbeitern die Informationen vor unseren Kunden vorlagen", begründet Schnaubelt den Termin. Noch lieber wäre es ihm gewesen, den Mitarbeitern einen größeren Vorsprung zu geben. Dies war in diesem Fall jedoch nicht möglich – für das Management Buyout und den neuen Auftritt blieben nur wenige Wochen.

ANEMO Logistics ist in guter Gesellschaft: 89,6 Prozent der Top-500-Unternehmen geben eine Mitarbeiterzeitschrift heraus. Etwa zwei Drittel der Publikationen werden per Post nach Hause geschickt, um zusätzlich die Familienmitglieder zu integrieren. Allerdings können die Zeitschriften ihr Ziel nur dann erreichen, wenn sie die Mitarbeiter zum Dialog motivieren.

Abbildung 2.3 *ANEMO:team* informiert die Mitarbeiter der ANEMO Logistics über das Management Buyout und die Startphase des Unternehmens.

Glatte Übergabe

Glatte Übergabe

Abbildung 2.4 Parallel zur Mitarbeiterzeitschrift erscheint das Magazin *ANEMO:friends*, das sich an die Kunden des Logistik-Dienstleisters wendet.

Wird das Medium nur dazu genutzt, Entscheidungen der Geschäftsführung in schriftlicher Form zu präsentieren, hat es schon verloren. Bei Mitarbeiterzeitschriften sind Dialogmöglichkeiten deshalb ein Muss. Dies kann eine Leserbriefecke sein, in der auch kritische Briefe abgedruckt werden, Beiträge von Mitarbeitern oder Ähnliches. Vermieden werden sollte der Eindruck, dass der Inhalt von der Geschäftsführung in irgendeiner Form zensiert wird.

Die Akzeptanz des Mediums hängt auch von der Themenauswahl ab. Geht es allein um das Unternehmen, seine Produkte und Ziele, sollten diese zumindest gut aufbereitet und durch Porträts von Mitarbeitern und/oder Abteilungen bzw. Niederlassungen aufgelockert werden. Wichtig sind Informationen, die der Mitarbeiter für seinen beruflichen Werdegang nutzen kann. Dazu gehört beispielsweise das Angebot der Weiterbildung, Tipps für den Berufsalltag und vieles mehr.

Bei Konzernen oder Unternehmen mit mehreren Niederlassungen kann die Mitarbeiterzeitschrift dazu genutzt werden, einzelne Abteilungen oder Mitarbeiter vorzustellen. Sehr oft ist nicht bekannt, was der Kollege drei Türen weiter wirklich macht – zum Nachteil des Unternehmens. Denn Überschneidungen und abteilungsübergreifendes Wissensmanagement ist nur dann möglich, wenn die Aufgabengebiete der Kollegen bekannt sind.

Dies hat auch die Larosé Hygiene Service GmbH erkannt. Seit vier Jahren gibt der textile Dienstleister die Mitarbeiterzeitschrift *Der rote Faden* heraus. Auch hier ist der Name Programm: In den Ausgaben dreht sich alles um die Mitarbeiter und die Abteilungen. „Wir möchten mit unserer Mitarbeiterzeitschrift das Wir-Gefühl stärken, auch über die einzelnen Niederlassungen hinaus", erläutert Kai Holtkamp die Namensgebung. Auch die Texte werden zum Großteil von den Mitarbeitern geschrieben und treffen so die Interessen und die Sprache der Angestellten.

Die Zusammensetzung der Themen kann bei internen Medien durchaus eine Herausforderung sein. Was den unternehmenseigenen Fahrer interessiert, ist für den Abteilungsleiter vielleicht unwichtig. Und der Mitarbeiter im Call Center interessiert sich nur bedingt für die Belange der Produktion.

Um den richtigen Nerv zu treffen, ist es deshalb umso wichtiger, Dialogmöglichkeiten einzubauen und so ein regelmäßiges Feedback durch die Leser zu erhalten.

Mindestens ebenso wichtig ist die Aufbereitung der Information. Für interne Publikationen gelten Pressefreiheit, Pressegesetze und Urheberrechte ebenso wie für alle anderen Publikationen. Dabei bewegt sich die Mitarbeiterzeitschrift im Konfliktfeld zwischen Informationspflicht und Geheimhaltungsinteresse. Einmal publizierte Themen finden schnell den Weg in die Öffentlichkeit, da Mitarbeiterzeitschriften nicht nur von Angestellten gelesen werden. Wettbewerber, Journalisten und viele andere Interessierte werfen zu gerne einen Blick in interne Publikationen und verwenden die dort enthaltenen Informationen.

Dies muss vor allem bei Medien berücksichtigt werden, die für Kunden und Mitarbeiter herausgegeben werden. In ihnen darf es nur am Rand um Interna gehen, dafür sollten Hintergrundinformationen oder allgemeine Themen im Vordergrund stehen. Dies ist beispielsweise bei dem Roche Magazin der Fall. Es erscheint dreimal jährlich und richtet sich im ganzen deutschsprachigen Raum an interessierte Personen im Gesundheitsumfeld. Zu den Lesern gehören Ärzte ebenso wie Apotheker, Lehrkräfte aus dem Bereich der Naturwissenschaften und die deutschsprachigen Roche-Mitarbeiterinnen und -Mitarbeiter. Inhaltlich bietet das Magazin einen breiten Mix aktueller Themen aus den Bereichen Gesundheit, Lebensqualität und des allgemeinen Wohlbefindens. Dabei sind auch aktuelle Forschungsergebnisse so aufbereitet, dass sie auch für den Nicht-Fachmann verständlich sind.

Bei diesem redaktionellen Konzept macht die gemeinsame Ansprache der Zielgruppen Sinn. Grundsätzlich handelt es sich bei Kunden und Mitarbeitern um zwei verschiedene Zielgruppen: diejenigen, die verkaufen, und die, die kaufen sollen – um es etwas platt auszudrücken.

Interne Medien erreichen die Leser auf unterschiedlichen Wegen – per Post, durch die interne Hauspost oder durch Auslage innerhalb des Unternehmens. Da auch ehemalige Mitarbeiter, Politiker oder Freunde des Hauses oft in den Verteiler aufgenommen werden, wird es in den seltensten Fällen nur einen Vertriebsweg geben. Dies hat jedoch den Vorteil, dass alle Mitarbeiter erreicht – und damit informiert – werden. Dieser Aspekt gehört zu den großen Stärken der Mitarbeiterzeitschrift.

Natürlich gibt es auch Schwächen, wie beispielsweise die Aktualität. Schon bei einer zweimonatlichen Erscheinungsweise ist es schwierig, Mitarbeiter zeitnah über aktuelle Entwicklungen zu informieren. Deshalb kommt es auch bei der Mitarbeiterzeitschrift auf den richtigen Marketing-Mix an. Viele Unternehmen ergänzen das Informationsangebot aus diesem Grund durch Newsletter, Schwarze Bretter, Rundschreiben oder das Intranet. Diese zusätzlichen Informationskanäle bieten sich vor allem dann an, wenn Mitarbeiter und Kunden mit einem Magazin angesprochen werden.

Mein Leser – das unbekannte Wesen?

Bleibt die Frage: Wie lerne ich meinen Leser kennen? Was interessiert ihn, welche Themen brennen ihm auf den Nägeln? Hier können Unternehmen unterschiedliche Wege gehen. Bei bereits bestehenden Kundenzeitschriften bieten sich beispielsweise Leserbefragungen und ein Blick in die Kundenkartei an, in der – hoffentlich – weitere Kundendaten gespeichert sind. Kommt eine Leserbefragung nicht in Betracht, müssen andere dem Unternehmen zur Verfügung stehende Informationen zu Rate gezogen werden. Welche Dialogangebote, wie der Abruf von Broschüren oder Ähnlichem, wurden besonders intensiv genutzt? Auch die Such-Funktion auf der Homepage kann Aufschluss darüber geben, welche Interessen die Kunden haben. Bei B2B-Zeitschriften kann auch der Außendienst helfen, indem er mit seinen Ansprechpartnern über die geplante Zeitschrift spricht und einfach darum bittet, Themenwünsche zu äußern. Oder starten Sie einfach eine Aktion auf der Homepage, bei der Sie die Anregungen Ihrer künftigen Leser sammeln. Jeder, der auf diesem Weg seine Wünsche mitteilt, wird später keine Ausgabe versäumen. Tragen Sie die gesammelten Informationen zusammen und machen Sie sich ein Bild von Ihren Lesern – je genauer, desto besser![1]

Natürlich spielen nicht nur die Wünsche Ihrer Kunden eine Rolle. Schließlich möchten Sie mit der Herausgabe der Zeitschrift auch bestimmte Ziele erreichen. Oberbergriffe wie Kundenbindung, Stärkung des Images oder der Marke reichen hier nicht mehr aus. Stellen Sie Ihr Unternehmen auf den Prüfstand! Wo liegen die Stärken und Schwächen, die Risiken und Chancen? Wo liegen die Unterschiede zu Ihren Mitbewerbern, wie wollen Sie sich von anderen abheben? Konkretisieren Sie die Ziele, die Sie mit der Herausgabe der Kundenzeitschrift verbinden. Angefangen von der Verkaufsförderung bis hin zu Informationen über erklärungsbedürftige Produkte oder zu Klub-Aktivitäten.

Die Antwort auf die Frage „Was wollen wir erreichen?" kann aber auch einer oder mehrere der folgenden Punkte sein:

- Profilierung gegenüber den Wettbewerbern durch mehr Service
- Gezieltere Kundenansprache durch Responsemöglichkeit
- Verringerung der Streuverluste gegenüber klassischer Werbung und/oder Direktmarketing
- Aufwertung des Produkt- oder Unternehmensimages
- Zusatzinformationen zur Vor- und Nachbereitung von Verkaufsgesprächen
- Gezielte Nutzung positiver Kundenerfahrungen
- Aufbau oder Stärkung des Images als *der* kompetente Ansprechpartner für ein bestimmtes Thema

Wurde die Frage „Was erzähle ich wem?" geklärt, ergibt sich die Antwort auf die Frage „Wie?" schon fast von allein. Hier geht es um die Leseransprache, die Themenauswahl und das Erscheinungsbild, zu dem neben dem Format, den eingesetzten Farben und grafischen Komponenten auch die Heftdramaturgie gehört.

---

[1] Die erwähnten Checklisten finden Sie am Ende des Buches.

Bestimmt kennen Sie das typische Verhalten eines potenziellen Käufers im Zeitschriftenhandel: Er fühlt sich vom Titel angesprochen, greift nach dem Heft, schlägt es auf und liest kurz in ein oder zwei Texte rein. Bei welchem Text er verweilt, hängt vor allem von der Optik und dem Heftaufbau ab. Noch immer zeigen vereinzelte Kundenzeitschriften, wie es *nicht* gemacht werden sollte: die Titelgeschichte auf Seite 4 und 5, gefolgt von Reportagen und Berichten in der genormten Länge einer Doppelseite. Dass hier dann auch meist das Unternehmen und nicht der Kunde im Mittelpunkt steht, muss wohl nicht mehr erwähnt werden.

Auch bei Kundenzeitschriften gilt: Machen Sie Ihren Leser neugierig! Der erste Blick ins Heft entscheidet, ob es gelesen oder sofort der „Ablage P" zugeführt wird. Für eine Zeitschrift ist es tödlich, wenn sie nicht zum Weiterblättern anregt. Steigen Sie mit einem Editorial und kurzen News in das Magazin ein, bauen Sie bis zur Titelgeschichte Spannung auf und achten Sie vor allem darauf, dass sich kürzere und längere Strecken abwechseln. Beginnen Sie Beiträge mal auf der linken, mal auf der rechten Seite. Kurz: Lassen Sie keine Langeweile aufkommen!

Tödliches Mittelmaß

Langeweile vermeiden gilt auch für die Qualität der Texte. Kundenzeitschriften werden von Ihren Lesern an den Maßstäben des guten Journalismus gemessen – ganz gleich, ob sie sich an Verbraucher oder Manager wenden. Sind die Texte mittelmäßig bis schlecht, schaden sie dem Image Ihres Unternehmens – und das lange anhaltend. Denn kein Leser, der sich einmal enttäuscht abgewendet hat, wird Ihrem Magazin eine zweite Chance geben.

Chatten Sie auch gern mit Netties und beamen Daten durchs Netz? Oder philosophieren Sie lieber mit Ihren Freunden über Hegels Wissenschaft der Logik? Vielleicht gehören Sie auch zu denen, die Kanak-Deutsch sprechen oder zumindest verstehen. So oder so sollten Sie bei der Leseransprache neben der Grafik auch die Sprache berücksichtigen. Mittlerweile hat jede gesellschaftliche Gruppe zumindest teilweise einen eigenen Wortschatz, den es zu berücksichtigen gilt. Dies gilt für Jugendliche, Erwachsene und Senioren ebenso wie für Maurer, Banker oder Hobbysportler. Zu der Sprache gehört neben dem Vokabular auch der Stil, in dem die Beiträge geschrieben werden sollen. Je nach Zielgruppe sollten sie lifestylig oder eher sachlich geschrieben werden. Wobei auch Letztere nicht an langweilige Gesetzestexte oder Gebrauchsanweisungen erinnern müssen, wie das Magazin *Forschen in Jülich* des Forschungszentrums Jülich immer wieder beweist. Die Autoren nutzen gern Gegenstände des alltäglichen Lebens, um chemische oder physikalische Gesetze zu erklären – angefangen von Mikadostäben, um das Prinzip der Strahlkühlung zu erläutern, bis hin zum Sombrero zur Erläuterung von Symmetrien und des drehsymmetrischen Systems.

Eine Faustregel gilt bei allen Texten: Stellen Sie die Leserinteressen in den Vordergrund. Unternehmens- oder Produktinformationen können Sie geschickt in den Text einfließen lassen, ohne dass dies an eine Anzeige oder an Schleichwerbung erinnern muss. Sie sollten allerdings dem Leser einen Wissensvorteil vermitteln, den er für seine Arbeit oder seine Interessen nutzen kann. Schreiben Sie Reportagen über Menschen und ihre Erfolge – die sie mit dem Produkt xy oder durch die Unterstützung Ihres Unternehmens erreicht haben. Die gewünschten Hintergrundinformationen werden als Info-Kasten zur Verfügung gestellt. Wird ein neues Produkt auf den Markt gebracht, berichtet die Zeitschrift über die Einsatzmöglichkeiten und Vorteile gegenüber anderen Produkten. Bringen Sie anschauliche Anwendungsbeispiele, die den Leser zu eigenen Ideen verführen. Geht es um erklärungsbedürftige Produkte, können Sie innerhalb einer Produktvorstellung in die Tiefe gehen. Nur eines sollten Sie nicht tun: dem Kunden penetrant erzählen, wie toll das Produkt oder das Unternehmen ist und dass es kein besseres gibt.

In vielen Bereichen bietet es sich an, eine eigene Gefühlswelt aufzubauen, in die der Leser eintaucht und in der er sich wohl fühlt. Dies gilt für

Automarken ebenso wie für Drogerien, Bausparkassen oder Baumärkte. Bekommt der Kunde durch das Lesen Ihrer Zeitschrift das Gefühl, er gehört einem bestimmten Kreis an – sei es der BMW-Fahrer oder der Heimwerker –, haben Sie Ihr Ziel erreicht.

Die Erscheinungsweise

Die Akzeptanz Ihrer Kundenzeitschrift wird darüber hinaus von der Erscheinungsweise beeinflusst. Wie oft ein Heft erscheint, ist zunächst davon abhängig, wann und wie oft Ihr Unternehmen etwas zu sagen hat. In der Modebranche bietet sich beispielsweise ein vierteljährlich erscheinendes Heft mit den neuesten Trends der jeweiligen Saison an. Andere Themen können gut monatlich aufgegriffen werden. Wichtig ist auch hier, dass Sie den Leser nicht langweilen. Fesseln Sie ihn mit Ihren Themen. Apotheken-Zeitschriften mit einem beinah unbegrenzten Vorrat an Gesundheitsthemen, Tipps und Trends können beispielsweise 14-tägig erscheinen. Beim bereits erwähnten *Tchibo-Magazin* bietet sich wegen der wöchentlich wechselnden Produkte auch eine wöchentliche Erscheinungsweise an. Bei Fusionen, Umstrukturierungen oder anderen wichtigen Entwicklungen, die auch Ihre Kunden betreffen und deshalb für sie wichtig sind, kann die Erscheinungsweise kurzfristig erhöht werden, indem zusätzliche Sonderhefte mit Schwerpunktthemen erscheinen. Oder es wird zu diesem Zweck ein zeitlich befristetes Heft herausgegeben.

Ein Blick auf die Konkurrenz zeigt, dass 49 Prozent der Kundenmagazine vierteljährlich, 13 Prozent zweimonatlich, 29 Prozent monatlich und 6 Prozent wöchentlich beziehungsweise 14-tägig erscheinen. Zu diesem Ergebnis kam eine von der Allensbacher Relation-Media-Analyse im Dezember 1999 durchgeführte Untersuchung von 1163 führenden Kundenzeitschriften.

Die Namensfindung

Neben Inhalt und grafischer Gestaltung entscheidet auch der Name der Zeitschrift mit, ob und wie sie beim Leser ankommt. Bei der Namensfindung gibt es verschiedene Ansätze. So kann entweder der Inhalt oder der Absender betont werden. Steht das Unternehmen im Vordergrund, wird sehr schnell und unreflektiert an den Unternehmensnamen ein „aktuell", „direkt" „news" oder „Magazin" angehängt. Auf den ersten Blick mag dieser Name alles ausdrücken – er zeugt aber auch davon, wie wenig Gedanken sich der Herausgeber über diese nicht unwesentliche Frage gemacht hat.

Es gibt Alternativen: Das Philatelie-Magazin der Deutschen Post, *postfrisch,* hat durch den Einsatz eines Fachbegriffs nicht nur die Aktualität des Magazins zum Ausdruck gebracht, sondern auch den Absender geschickt genannt. Bei dem Magazin *eve* ist der Name gleichzeitig Programm: Der Untertitel lautet schlicht „Ernährung vital erleben". Avid Technologie, Anbieter von Software und Hardware zur Videobearbeitung, hat mit seinem Kundenmagazin *Diva* eine schöne Brücke zwischen Inhalt und Herausgeber geschlagen. Und der textile Mietdienstleister Larosé hat seiner Mitarbeiterzeitschrift den Namen *Der rote Faden* gegeben – ein Name, der für die Qualität der Berufs- und Arbeitsschutzkleidung des Dienstleisters spricht, aber auch für die Intention des Magazins. Zugegeben: Dies klappt nicht immer auf diese elegante Weise. Dennoch kann ein wenig Nachdenken zu guten und überzeugenden Ergebnissen führen. *Der Vermögensberater* stellt beispielsweise ganz klar den Inhalt der Zeitschrift in den Vordergrund – die Beratung rund um das Thema Geld. Ähnliches tun Bausparkassenmagazine wie *Mein Eigenheim,* oder *Das Haus* stellt die Zielgruppe in den Mittelpunkt.

Diese wenigen Beispiele zeigen bereits, dass es sich lohnt, sich ein wenig Zeit für die Namensfindung zu nehmen. Überlegen Sie zusammen mit allen Beteiligten, was für Sie im Vordergrund steht: Ihr Unternehmen, die Zielgruppe oder die Botschaft. Spielen Sie anschließend mit Worten, Ideen und Abkürzungen. Lassen Sie sich von Ihrer Werbe- und PR-Agentur beraten. Oder beteiligen Sie Ihre Leser nach der ersten Ausgabe durch einen Wettbewerb an der Namensfindung. Sie werden überrascht sein, wie viele mögliche Namen es für Ihre Magazin-Idee gibt.

2.2 Wer hat was zu sagen?

Zwei Drittel der Kundenmagazine, das sind rund 2200, werden von externen Dienstleistern hergestellt. Und das nicht ohne Grund: In den Unternehmen sind selten die nötigen Kapazitäten frei, um eine Zeitschrift vom Redaktionsplan bis zum Vertrieb intern zu betreuen. Oft fehlt es an Knowhow und Erfahrung. Ein PC und etwas Geschick im Umgang mit Kunden allein reicht nicht aus, um ein Heft zu realisieren – hier ist redaktionelles, grafisches und drucktechnisches Hintergrundwissen gefragt.

Doch selbst wenn externe Redakteure oder Grafiker beauftragt werden, muss nicht alles reibungslos verlaufen. Die Idee „Wir machen eine Kundenzeitschrift" ist noch kein Konzept. Dies erfahren 78,6 Prozent der Dienstleister am eigenen Leib. 61,9 Prozent, so die Untersuchung des FCP weiter, beklagen das Vorherrschen unklarer Strukturen. Unter diesen Voraussetzungen für ein regelmäßiges und pünktliches Erscheinen bei gleich bleibender Qualität zu sorgen, ist ein Meisterstück.

Kundenzeitschriften sind kein Zufallsprodukt – sie dürfen es auch nicht sein. Wenn die gewünschten Ziele erreicht werden sollen, muss von Anfang an präzise gearbeitet werden. Zielsetzung, Verantwortlichkeiten, Ansprechpartner und Kommunikationsstrukturen werden von Anfang an festgelegt. Werden Externe mit der Realisierung beauftragt, sollten sie bei den Verantwortlichen ein offenes Ohr für Anregungen und Ideen finden.

Auch innerhalb eines Unternehmens gilt oft der bekannte Satz „Wes Brot ich ess, des Lied ich sing". Diese Weisheit hat konkrete Auswirkungen auf die Kundenzeitschrift. Der unternehmensinterne Hintergrund der internen Ansprechpartner wird sich auf das Konzept und den Inhalt der Zeitschrift auswirken.

Da die Kundenzeitschrift das Unternehmen nach außen repräsentiert, fühlt sich in kleineren und mittelständischen Betrieben sehr oft die Geschäftsführung dazu berufen, alles zu lenken und zu kontrollieren. Der Gedanke ist vom Ansatz her nicht falsch. Oft zeigt sich jedoch, dass die Geschäftsführung nicht den nötigen Abstand hat, um den Blickwinkel auf Unternehmen und Produkte zu wechseln. Außerdem spielt hier auch der Faktor Zeit eine wesentliche Rolle – je nach Umfang und Erscheinungsweise nimmt die Herausgabe einer Zeitschrift mehr Zeit in Anspruch, als die meisten Geschäftsführer dafür zur Verfügung haben.

Anders die PR-Abteilung: Dort liegen die wichtigen Informationen bereits vor. Pressesprecher kennen die Corporate Identity des Unternehmens und können darauf achten, dass die Texte das gewünschte Image transportieren. Nicht zu unterschätzen ist auch das Wissen um den Sprachgebrauch – jedes Unternehmen hat seine ganz internen Tabu-Wörter, die aus gutem Grund in allen Medien möglichst vermieden werden.

Geht es um Verkauf und Absatz, sollte darüber nachgedacht werden, die Marketingabteilung zu beauftragen. Marketer arbeiten produkt- und absatzgezielt, was für die Zeitschrift nicht nachteilig sein muss. Vorausgesetzt, das Unternehmen rückt nicht zu sehr in den Hintergrund und die Texte werden nicht zu werblich.

Werden mehrere Kundenzeitschriften für verschiedene Zielgruppen herausgegeben, kann über ein Splitting der Verantwortung auf verschiedene Fachabteilungen nachgedacht werden. Mit diesem Konzept fährt die Deutsche Post, mit Unterstützung externer Dienstleister, seit Jahren gut.

Auch für die Mitarbeiterzeitschrift sollte ein festes Redaktionsteam eingesetzt werden, das den Zielsetzungen der Publikation entspricht. Dabei sollten auch diejenigen, für die das Magazin gemacht wird, zu Wort kommen – sei es durch Themenvorschläge oder durch einen festen Sitz in der Redaktion. Dies hat nicht nur den Vorteil, dass die Themen eher den Interessen der Mitarbeiter entsprechen, das Magazin wird durch die aktive Teilnahme der Kollegen auch viel eher ernst genommen. Der Eindruck, das Heft sei nur ein Sprachrohr der Geschäftsleitung, kommt so erst gar nicht auf.

Ganz gleich, welche Abteilung für die Herausgabe der Zeitschrift verantwortlich ist – im Zweifel sollte sie bei dieser Aufgabe durch Profis unterstützt werden. Das gilt auch für den Fall, dass der oder die Pressesprecher federführend sind. Allein die Abstimmung mit externen Dienstleistern nimmt viel Zeit in Anspruch. Sollen Texte und Grafik ebenfalls im Unternehmen realisiert werden, müssen auch hier Profis ans Werk. Kunden und Leser sind verwöhnt – sie durch eine schlecht gemachte Zeitschrift zu verprellen, kostet doppelt. Schließen sie von der schlecht gemachten Zeitschrift auf das Unternehmen, wandern sie zur Konkurrenz ab. Laienhafte Publikationen können keine hochwertigen Produkte oder Dienstleistungen verkaufen. Wie bei jedem anderen Produkt aus Ihrem Haus, sollten deshalb auch hier Profis die Arbeit machen. Ob diese dann intern oder extern eingesetzt werden, hängt von den internen Strukturen ab.

Dazu zählt auch die Frage, ob der Arbeitsalltag genügend Zeit für die Realisation einer Zeitschrift lässt. Gerade in Pressestellen gibt es immer wieder hektische Tage, die mit dem Löschen kleinerer oder größerer Brandherde verbracht werden. Auch der nötige Perspektivenwechsel wird zwischen ständig klingelnden Telefonen und eiligen Anfragen oft nur schwer vollzogen. Dies weiß auch Marion Frahm, freie Journalistin in Hamburg, die für verschiedene Unternehmen arbeitet: „Eigene Mitarbeiter sind meist viel zu verhaftet im Thema, um den Blick für den Leser zu haben. Das fängt schon mit der richtigen Wortwahl an. Abgesehen davon, sollte jeder die Aufgabe erfüllen, von der er etwas versteht: Mitarbeiter haben die Ausbildung und die Erfahrung, die sie für ihre Tätigkeit im Unternehmen benötigen. Journalisten kennen den Markt für Kundenzeitschriften und wissen, wie man Inhalte verständlich und spannend vermitteln kann."

Auch kostentechnisch bietet das Outsourcing Vorteile. Neben mindestens einem erfahrenen Redakteur sind erfahrene Fotografen und Grafiker vonnöten. Findet alles im eigenen Haus statt, muss die entsprechende technische Ausstattung vorhanden sein – also ein PC oder Mac mit großem Bildschirm, ein Scanner, ein CD-Brenner und die entsprechenden Grafik- und Layoutprogramme. Word und CorelDraw reichen hier nicht aus – gefragt sind Photoshop für die Bildbearbeitung, Freehand und/oder Illustrator für Grafiken sowie QuarkXPress, PageMaker oder InDesign für das Layout. Erkundigen Sie sich bei Ihrem Lithografen, mit welchen Programmen und vor allem welchen Programmversionen er arbeitet, um spätere Probleme zu vermeiden. Vorteilhaft ist ein ISDN-Programm wie Leonardo, um größere Bilddateien zu empfangen und die Druckdaten online zur Druckerei beziehungsweise zum Lithografen zu senden. Auch hier sind Vorsicht und Absprache mit den Dienstleistern gefragt, denn die Mac-Welt verträgt sich noch immer nicht in allen Punkten mit den Windows-Rechnern.

Freelancer gesucht?

Je nach Umfang und Erscheinungsweise reicht die Unterstützung durch einen freien Redakteur und einen Grafiker. Doch wo findet man die richtig guten Freelancer? Wenn Sie nicht schon bei anderen Projekten mit freien Journalisten zusammenarbeiten, sollte Ihr erster Blick dem eigenen Presseverteiler gelten. Gibt es freie Journalisten, die Ihr Unternehmen und die Branche bereits kennen? Prima – sie bieten einige Vorteile, da sie oft unternehmensintern akzeptiert sind, keine lange Einarbeitungszeit benötigen, die richtigen Ansprechpartner im Unternehmen kennen und bereits ein Gefühl für den internen Sprachgebrauch entwickelt haben. Gerade in der Konzeptionsphase und bei der Realisierung der ersten Ausgaben kann dies viel Hin und Her und damit neben Zeit und Geld auch einige Nerven sparen. Außerdem haben diese Journalisten ein Gefühl dafür, was die Leser außerhalb des Unternehmens interessiert, und bringen einen neuen Blickwinkel in die geplante Zeitschrift.

Werden Sie über den Presseverteiler nicht fündig, können Sie Kollegen fragen – intern und extern. Interne Kollegen haben eventuell mit Ihrem

Favoriten bereits Erfahrungen gemacht, die für oder gegen ihn sprechen. Viele Fachzeitschriften arbeiten mit Freien zusammen, die sie weiterempfehlen können. Scheuen Sie sich nicht, diesen Profis eine weitere Aufgabe anzuvertrauen – oder sie eventuell abzuwerben. Auch in der Medienbranche herrscht belebender Wettbewerb. Vorausgesetzt, freie Journalisten spielen bei ihren Auftraggebern mit offenen Karten, müssen sie keine Einbußen durch PR-Aufträge befürchten. Allerdings sollten sie ihre Rolle immer klar definieren und auf Aufträge verzichten, die zu Interessenkonflikten führen können.

Arbeiten Sie bereits mit einer PR-Agentur zusammen? Auch dort sitzen Profis, die nicht nur über die Trends und Entwicklungen in Ihrem Unternehmen informiert sind; sie können die Informationen auch zielgruppengerecht aufbereiten. Meistens jedenfalls. Der Vorteil für Sie: weniger Briefinggespräche, weniger Reibungsverlust und – durch den Informationsvorsprung gegenüber „Neuen" – mehr Ideen von außen. Durch die Zusammenarbeit mit bestehenden Partnern muss das Rad nicht neu erfunden werden. Vielmehr können die Beteiligten auf einen Fundus von Erfahrungen und Material zurückgreifen, der nicht nur die Arbeit erleichtert, sondern auch die Einhaltung der Corporate Identity bei der Realisierung der Kundenzeitschrift unterstützt.

Auch ein Blick ins Internet kann weiterhelfen. Fachspezifische Jobbörsen wie agenturcafe.de, wuv.de, horizont.de und freda.de bieten Freelancern die Möglichkeit, Stellengesuche oder freie Kapazitäten online zu stellen. Sollte es branchenspezifische Jobbörsen geben, lohnt sich auch ein Mausklick dorthin.[2] Lassen Sie sich die Redakteure anzeigen, die Ihren Kriterien entsprechen, und nehmen Sie unverbindlich Kontakt auf. Oder stellen Sie Ihre eigenen Suchkriterien ins Internet. Fachjournalisten nutzen das Internet

---

[2] Eine – unvollständige – Übersicht an Jobbörsen findet sich am Ende des Buches. Sollten Sie auf einen toten Link stoßen, ärgern Sie sich nicht – Internetadressen können sich schneller ändern als Aprilwetter.

durchaus, um nach neuen Auftraggebern Ausschau zu halten. Für Stellenanbieter und Stellensuchende ist dieses Serviceangebot meist kostenlos und nimmt wenig Zeit in Anspruch. Teurer und zeitintensiver in der Abwicklung ist die Schaltung von Anzeigen in regionalen und überregionalen Zeitungen und Fachpublikationen.

Fotografen, Grafiker und Redakteure haben das Internet mittlerweile als Werbeplattform in eigener Sache entdeckt und stellen ihre Arbeit auf der eigenen Homepage vor. Als Auftraggeber ist das für Sie eine gute Gelegenheit, sich über das Angebot und das Profil der Redakteure zu informieren. Allerdings gilt auch hier, dass nicht jeder gut ist, der im Netz steht, und nicht jeder, der im Netz steht, gut ist.

Weiterhelfen kann auch ein Blick in die diversen Kroll-Pressetaschenbücher. In ihnen stehen alphabetisch geordnet die Fachjournalisten mit ihren Schwerpunkten, sofern sie sich haben eintragen lassen. Einen Anspruch auf Vollständigkeit gibt es also ebenso wenig wie einen Anhaltspunkt dafür, ob sich jemand wirklich in dem Thema auskennt oder sich generell in alle Kroll-Bücher hat eintragen lassen. „Den Kroll" gibt es für die unterschiedlichsten Bereiche: Wirtschaft, Informations- und Kommunikationstechnik, Mode und Textil, Schule–Wissen–Bildung, Gesundheit und vieles mehr. Infos zu den einzelnen Pressetaschenbüchern gibt es im Internet unter www.kroll-verlag.de.

Fotografen und Grafiker können Sie auf ähnliche Weise finden, wenngleich sie nicht in den Kroll-Büchern verzeichnet sind. Dafür stellen einige Internet-Stellenbörsen eine eigene Rubrik für sie zur Verfügung. Oder Sie schauen mal auf der Website der Photopool GmbH unter www.photopool.de vorbei. Hier finden Sie das aktuelle Angebot mehrerer freier Fotografen aus den unterschiedlichsten Bereichen auf einem Server. Der Vorteil für den Nutzer: Er hat Zugriff auf eine Vielzahl unterschiedlicher Fotografen in ganz Deutschland, mit denen er direkten Kontakt aufnehmen und später auch direkt abrechnen kann.

Viele freie Journalisten arbeiten in einem kleinen Netzwerk zusammen, kennen also Fotografen und Grafiker, mit denen sie gern und erfolgreich zusammenarbeiten. Gleiches gilt für Verlage oder Agenturen, die keine eigene Grafik-Abteilung haben. Sie können durch die erprobte Zusammenarbeit dadurch profitieren, dass es weniger Reibungsverluste gibt.

Journalisten, Agenturen oder Verlage können ihr Know-how rund um die Planung und Realisation von Kundenzeitschriften auch auf der Homepage der Deutschen Post hinterlegen. Unter dem Stichwort CP-Partner findet sich auf der Site www.pressedistribution.de auch ein Verzeichnis mit Werbeagenturen, PR-Büros, Freelancern, Druckereien und vielem mehr. Dienstleister, die sich hier eintragen, haben die Möglichkeit, Referenzen anzugeben sowie Abbildungen und Beschreibungen der Projekte zu hinterlegen.

Einzelkämpfer, Redaktionsbüro oder lieber die ganz großen Agenturen und Verlage?

Diese Frage hängt vor allem vom Arbeitsaufwand, aber auch vom Budget und den persönlichen Vorlieben ab. Erscheint ein Magazin beispielsweise monatlich mit 36 Seiten, kann ein Redakteur allein keine gute Arbeit leisten. In diesen Fällen sollte überlegt werden, ob durch die Zusammenarbeit mit einer Agentur oder einem Verlag, der sich auf die Veröffentlichung von Kundenmagazinen spezialisiert hat, nicht Synergien genutzt werden können, die sich auch finanziell bemerkbar machen.

Anders sieht es bei Publikationen mit vier DIN-A3-Seiten beziehungsweise acht DIN-A4-Seiten aus. Dieser Umfang lässt sich von einem eingespielten Team, bestehend aus einem Redakteur, einem Grafiker und einem Fotografen, leicht realisieren. Bei einer größeren Agentur wäre es ein durchlaufender Job, der im Vergleich zu größeren Aufträgen wenig einbringt, dafür aber mit relativ viel Arbeit verbunden ist. Wie überall im Arbeitsleben gilt auch hier: Aufwand und Anzahl der Personen müssen in einem vernünftigen Verhältnis stehen, damit gute Arbeit möglich wird.

Wichtig ist bei dieser Entscheidung aber auch die Frage, wie weit im

Unternehmen vorgearbeitet wird. Erhalten die Dienstleister bereits fertige Texte, die überarbeitet bzw. redigiert werden müssen, oder liegt die gesamte Abwicklung von der Themenplanung über die Recherche und Texterstellung bis hin zum Layout und der Druckabwicklung in seiner Hand?

Einzelkämpfer können ihre Leistungen oft günstiger anbieten als Agenturen und Verlage, weil sie die Office-Kosten geringer halten können. Auch das Problem der ständig wechselnden Ansprechpartner und der Kollegen, die über nichts Bescheid wissen, taucht hier nicht auf. Umgekehrt muss das aber nicht heißen, dass im Krankheitsfall die Arbeit einfach liegen bleibt. Viele Freelancer arbeiten eng mit Kollegen zusammen, die im Krankheits- oder Urlaubsfall die anstehenden Arbeiten übernehmen können, ohne sich erst einarbeiten zu müssen. Diese Absprachen funktionieren auch auf größere Entfernung sehr gut und geben allen Beteiligten Sicherheit. Um größere Aufträge annehmen zu können, gibt es oft ein kleines Netzwerk aus Journalisten, Grafikern und Fotografen, die sich schnell zu einem projektbezogenen Team finden, ohne teure Büros anmieten zu müssen.

Bei kleineren PR-Agenturen und Redaktionsbüros handelt es sich oft um Spezialisten für eine oder zwei Branchen. Im Vergleich zu den großen Agenturen sind sie auch preisgünstig. Dafür ist die Personaldecke leider auch entsprechend dünn. Vor allem Agenturen arbeiten gern mit Praktikanten und Volontären, die für ein gutes Zeugnis oder wenig Geld arbeiten, dafür aber auch wenig Vorkenntnisse mitbringen. Viele arbeiten mit freien Mitarbeitern zusammen, die je nach Bedarf eingesetzt werden können und in der jeweiligen Branche über Hintergrundwissen verfügen. Oft bekommt der Auftraggeber gar nicht mit, ob sein Ansprechpartner in der Agentur die Zeitschrift wirklich umsetzt oder den Auftrag auslagert und nur die Abstimmung übernimmt.

Während Freelancer Büro- und Kommunikationskosten relativ niedrig halten können, verfügen auch kleinere Agenturen zum Großteil über eine Sekretärin, größere Büroräume mit Besprechungsraum und so weiter. Dies alles muss – zusammen mit den Personalkosten – von den zur Verfügung stehenden Budgets bezahlt werden. Kurioserweise glauben aber viele Auftraggeber, dass kleinere Agenturen auch für weniger Geld arbeiten müssten als die großen. Eine Einschätzung, die sich leider auch viele Inhaber zu Eigen gemacht haben und über Kampfpreise versuchen, Aufträge zu gewinnen. Das alles muss zunächst einmal kein Nachteil sein, kann aber schnell einer werden. Oft ist die Fluktuation in kleineren Agenturen höher, weil die Mitarbeiter woanders mehr verdienen, angenehmere Arbeitszeiten oder bessere Karrierechancen haben. In Büros mit zwei oder drei Mitarbeitern ist nicht nur das mögliche Ende der Hierarchie leicht erreicht, die Mitarbeiter können sich auch nur bis zu einem bestimmten Punkt beruflich weiterentwickeln. Dieser Stillstand führt leicht zur Unzufriedenheit bis hin zur inneren Kündigung und zum Jobwechsel – entweder zu größeren Agenturen oder in die Pressestelle des bisherigen Kunden.

Bleiben noch die größeren Agenturen und Verlage, die sich teilweise auf die Herausgabe von Kundenzeitschriften spezialisiert haben. Ihre Größe und ihre Namen finden sich oft auf der Rechnung wieder. Auch können sie mit Erfahrung und Know-how glänzen. Viele Kunden wenden ihnen dennoch nach einiger Zeit den Rücken zu, weil sie sich nicht gut genug betreut fühlen. Gerade Mittelständler erfahren hier den „Einer-von-vielen-Effekt", bei dem der Ansprechpartner keine Zeit hat, nicht zurückruft und kleinere Bitten einfach nicht ernst genommen oder aber mit einer hohen Rechnung quittiert werden. Für größere Projekte bietet sich die Zusammenarbeit mit diesen Verlagen dann an, wenn Synergien genutzt werden können. In diesem Fall findet eine Mehrfachverwertung der Texte für verschiedene Medien statt, wobei Sie darauf achten sollten, dass die Texte nicht 1:1 übernommen werden. Die meisten Kunden lesen mehr als eine Kundenzeitschrift und informieren sich auch gern über Ihre Wettbewerber. Enthalten die Kundenzeitschriften die gleichen oder sehr ähnliche Texte, wirken nicht nur die Zeitschriften unglaubwürdig – eine gezielte Positionierung und eine Stärkung des Images beziehungsweise der Marke ist so unmöglich.

Auch bei Agenturen und Verlagen gibt es nicht nur Schwarz oder

Weiß. Neben den ganz kleinen und den ganz großen Büros gibt es viele, die eine gesunde Personaldecke und eine gute technische Ausstattung haben. Oft wird hier vernünftig kalkuliert und kontrolliert, sodass gute Arbeit zu einem guten Preis geleistet und personelle Engpässe gut überbrückt werden können. Ein Blick auf die Internet-Seiten der Agenturen beziehungsweise der von ihnen betreuten Kunden vermittelt einen ersten Eindruck der Agentur. Wie viele Mitarbeiter betreuen wie viele Kunden? Erscheinen Pressemitteilungen regelmäßig in gleich bleibender Qualität? Gibt es eine eigene Grafik-Abteilung oder versteckt sich hinter dem Wort „Verlag" beziehungsweise „PR-Agentur" doch nur ein Ein-Mann- oder Eine-Frau-Betrieb, der nicht immer alles halten kann, was er verspricht?

2.3 Der Weg zum Kunden

Auch wenn bisher noch nicht eine Zeile für Ihre Kundenzeitschrift geschrieben wurde und das Team für die Umsetzung vielleicht noch nicht zusammengefunden hat, sollten Sie sich schon jetzt mit einer nicht ganz unwesentlichen Frage beschäftigen: Wie erreicht Ihr Heft den Kunden?

Viele Unternehmen beschäftigen sich leider erst dann mit dieser Frage, wenn die Zeitschrift in allen Einzelheiten konzipiert und die erste Ausgabe bereits gedruckt ist – und bereuen es dann. Der Vertrieb der Zeitschrift ist ein nicht unwesentlicher Kostenfaktor, der von Anfang an eingeplant und berücksichtigt werden sollte. Auflage, Papier Format, der Anteil an Anzeigen und viele weitere Aspekte haben entscheidenden Einfluss bei der Frage, ob sich das Magazin – im wahrsten Sinne des Wortes – bezahlt macht.

Adressenverwaltung und -pflege

Die Auflage einer Kundenzeitschrift hängt, sofern sie nicht am Point of Sale vertrieben wird, eng mit der Größe der Kundendatei zusammen, die es sicherlich auch in Ihrem Unternehmen gibt. Mindestbestandteil dieser Datenbank ist die Anschrift des Kunden. Beim privaten Endkunden ist dies kein Problem, im B2B-Bereich muss jedoch schon an dieser Stelle genauer hingesehen werden. Oft sind in der allgemeinen Datenbank nur die Adresse und der Ansprechpartner der Rechnungsabteilung gespeichert, während die Kundenbetreuer parallel ihre eigene Datenbank pflegen.

Diesem Nebeneinander von Datenbanken sollten Sie nicht nur um Ihrer Kundenzeitschrift willen ein Ende bereiten. Allerdings können Sie das geplante Magazin als willkommenen Anlass für die Aktualisierung Ihrer Kundendatei nutzen: Werden Sie wieder zum Jäger und Sammler! Fragen Sie die Daten möglicher Empfänger bei Ihren Mitarbeitern ab und ergänzen Sie diese Angaben mit allen Informationen, die Sie später systematisch auswerten können. Mögliche Quellen für Ihre Recherchen sind Mitarbeiter des Außendienstes und der internen Kundenbetreuung, Kundenbefragungen, eingehende Bestellungen und Reklamationen.

Erstellen Sie einzelne Kundenprofile, die Sie später gezielt für weitere Marketingaktivitäten nutzen können – und zwar über die Kundenzeitschrift hinaus. Schreiben Sie Ihre Kunden im B2C-Bereich doch einmal zum ersten Jahrestag Ihrer Bestellung an, gratulieren Sie zum Geburtstag oder melden Sie sich nach einer langen Bestellpause mit der Frage, ob der Kunde nicht zufrieden war. Im Kosmetik-Bereich können Sie Produktinnovationen vorstellen, die zu den bisher bestellten Waren passen. Legen Sie eine kleine Gratisprobe bei – der Kunde wird es Ihnen danken.

Auch im B2B-Bereich kann sich das Sammeln der Daten lohnen. Je genauer Sie Ihren Kunden kennen, umso eher können Sie auf seine Wünsche und Anforderungen eingehen – in der Kundenzeitschrift und bei der Ausrichtung Ihres Produkt- und Dienstleistungsangebotes. Eine gut gepflegte Adressdatenbank kann bei Mailingaktionen geringere Streuverluste und damit eine effektive Kostenersparnis bedeuten.

Neben den Standard-Adressdaten mit E-Mail, Telefon und Fax sollte Ihre Datenbank über folgende Felder verfügen:

- **Profildaten der Firma:** Dazu gehören Gründungsjahr, Jahresumsatz, Mitarbeiterzahl, Branche, Produktionsschwerpunkte, Filialen, Bonität
- **Ansprechpartner bzw. Entscheidungsträger** mit Vorname, Nachname, Titel, Durchwahl, E-Mail-Adresse, Position und Tätigkeitsbereich
- **Aktionsdaten:** Hier wird der Zeitpunkt des Erstkontaktes ebenso festgehalten wie die Frage, ob der Kontakt durch eine Direktmarketingaktion oder durch eine Empfehlung zustande gekommen ist. Einzelne Werbemaßnahmen, bei denen der Kunde berücksichtigt worden ist, werden hier ebenfalls notiert.
- **Reaktionsdaten/Kaufverhalten:** Dieses Feld umfasst die Art und Länge der Kundenbeziehung. Handelt es sich um einen Erstkäufer, bestellt er unregelmäßig oder handelt es sich um einen Stammkunden? Ebenfalls gesammelt werden hier Angaben zum Umsatz und eine Einschätzung hinsichtlich Kundenattraktivität und Kundenzugänglichkeit.
- **Hobbys und Vorlieben der Ansprechpartner** gehören ebenfalls in diese Datenbank – und sollten, wie alle anderen Daten auch, nur intern verwendet werden.

Die Angaben über Hobbys und Vorlieben können Ihnen nicht nur bei der Themenauswahl helfen, sondern auch bei der Auswahl von Prämien bei Kundenbindungsprogrammen, Befragungen oder der nächsten Weihnachtsgeschenke. So kommen Sie nicht in Verlegenheit, Abstinenzlern Rotwein oder Nichtrauchern Zigarren zu schenken. Stattdessen geben Sie Ihren Kunden das Gefühl, dass Sie sich auch bei der Auswahl der Präsente besonders um ihn gekümmert haben.

Nachdem Sie aus der Vielzahl Ihrer Kunden diejenigen selektiert haben, die das Magazin erhalten sollen, haben Sie den Grundstock für die Auflage. Berücksichtigen Sie zusätzlich die Mitarbeiter im Haus, die Medien und den Einsatz der Zeitschrift auf Messen oder bei Events. Grundsätzlich sollten Sie immer eine kleine Auflage in Reserve haben – nicht nur, wenn Sie einen Geschäftspartner porträtieren, der die Ausgabe als PR in eigener Sache an seine Kunden weitergeben möchte.

Für den Weg zum Leser gibt es verschiedene Alternativen, darunter die Auslage am Point of Sale, der Postversand, die Wurfsendung und die Verteilung über den Außendienst beziehungsweise bei Messen und anderen Veranstaltungen.

Am Point of Sale sind die Titel zu finden, bei denen die Verkaufsförderung mehr oder weniger deutlich im Vordergrund steht. Hier wird selten ein Unternehmen mit seinen Produkten vorgestellt. Herausgegeben werden sie beispielsweise von Drogeriemärkten, die bei der Redaktion verschiedene Hersteller und ihre Produkte vorstellen sowie in Hintergrundberichten über neue Trends informieren. Ähnlich arbeiten die Apotheken-Zeitschriften, die hauptsächlich gesundheitliche Hintergrundinformationen für verschiedene Zielgruppen liefern. Beim *Spar-Magazin* ist die Supermarktkette der Absender, während sich die Themen um die Produkte verschiedener Hersteller drehen.

Auch Lindt verführt die Zielgruppe gern am Point of Sale – pünktlich mit den Weihnachtsprodukten erschien auch 2003 das Hochglanzmagazin Chokoladenseiten. Auf den Seiten sind Rezepte und Lebensart zu einer süßen Verlockung zusammengestellt, die den Verkauf langfristig ankurbeln sollen.

Natürlich greift niemand im Drogeriemarkt oder in der Apotheke zum Magazin, blättert darin und entschließt sich daraufhin, noch das ein oder andere Produkt zu kaufen. Mit den Servicethemen und der Berichterstattung über neue Entwicklungen sollen, ebenso wie über Angebote, neue Bedürfnisse geweckt und die Kunden erneut ins Geschäft gelockt werden. So fördern die Kundenmagazine langfristig den Verkauf, ohne aufdringlich zu wirken.

Trotz der vielen Werbeverweigerer greifen Kunden gern zu diesem Serviceangebot. Knapp die Hälfte der Leser – darunter mehr Frauen als Männer – nehmen Zeitschriften ohne Aufforderung aus dem Geschäft mit nach Hause, um sie dort in Ruhe zu lesen.

Der klassische Weg zum Kunden ist noch immer der Postversand. Jährlich landen noch immer etwa 2,2 Milliarden Zeitungen und Zeitschriften in den Briefkästen. Auch bei Kundenzeitschriften ist dieser Vertriebsweg beliebt – drei Viertel der Magazine erreichen so ihre Leser. Durch die adressierte Zustellung halten die Unternehmen die Streuverluste gering und zeigen ihren Kunden gegenüber persönliche Wertschätzung. Doch es gibt noch weitere Vorteile, die für diesen Weg sprechen. Einer davon ist die behagliche Atmosphäre zu Hause, die das Lesen angenehmer gestaltet und die Aufnahme der Inhalte fördert. Oder können Sie sich vorstellen, sich bei ständig klingelndem Telefon von einem Bericht verzaubern zu lassen?

Im B2B-Bereich ist dieser Weg etwas schwieriger. Auch hier gelangen 87 Prozent der Kundenmagazine über den Postweg auf die Schreibtische der Ansprechpartner – oder aber direkt in ihren Papierkorb. Viele Zeitschriften scheitern, ähnlich wie Werbesendungen, an den Poststellen oder den Sekretärinnen, die die Post vorsortieren. Vorausgesetzt, die Adresse ist so sorgfältig recherchiert, dass die Kundenzeitschrift überhaupt das Vorzimmer des richtigen Ansprechpartners erreicht – und nicht die Buchhaltung. Angenommen, die Anschrift stimmt, der Ansprechpartner ist richtig, die Sekretärin hat sich durch den ersten Eindruck überzeugen lassen und die Zeitschrift nicht der „Ablage P" anvertraut – dann muss Ihre Kundenzeitschrift nur noch mit der wichtigen Tagespost, den anrufenden Kunden, den E-Mails und den Kollegen konkurrieren.

Wenn Sie sich für den Versand mit der Deutschen Post oder anderen Dienstleistern auf diesem Gebiet entscheiden, sollten Sie frühzeitig anfangen, sich über Format und Papierstärke Gedanken zu machen. Wenn Sie nicht möchten, dass Ihr Magazin geknickt und zerfleddert beim Kunden ankommt, sollte es in einen gängigen DIN-Norm-Briefkasten passen und bei Regen nicht halb aus demselben rausschauen.

Auch die Kosten für den Versand sollten bedacht werden. Die Deutsche Post unterscheidet im Geschäftsfeld Pressepost zwischen Postvertriebsstück, Pressesendung und Streifbandzeitung. An jede dieser Versandarten sind unterschiedliche Anforderungen geknüpft. Speziell für Kunden- oder Hauszeitschriften gibt es die Pressesendung, mit denen die Herausgeber ihr Produkt zu vergünstigten Preisen verschicken können. Die Zeitschriften erreichen im Normalfall innerhalb von zwei Tagen ihren Empfänger. Natürlich ist der Versand als Pressesendung an bestimmte Vorgaben geknüpft. Dazu gehören:

- Eine kontinuierliche innere und äußere Gestaltung
- Der Inhalt besteht aus überwiegend formatgleichen und beidseitig bedruckten Blättern in einem Format von mindestens 9 cm x 14 cm, die durch Falzung oder eine buchbinderische Verarbeitung zu einer Einheit zusammengefasst werden.
- Die Zeitschrift wurde in einem presseüblichen Druckverfahren hergestellt und kann von jedermann bezogen werden.
- Sie erscheint mindestens einmal im Quartal.
- Auf der Titelseite der Presseerzeugnisse stehen Titel und die Nummer bzw. die Angabe „Sondernummer".
- Erscheinungsdatum oder die Erscheinungsweise gehen aus der Titelseite oder aus dem Impressum hervor.
- Die Zeitschrift ist nicht schwerer als 1000 g.
- Die Mindesteinlieferungsmenge liegt bei 1000 Exemplaren je Nummer.

Wenn Ihre Zeitschrift dann noch der Verbreitung von Informationen oder der Unterhaltung dient, steht dem Versand als Pressepost fast nichts mehr im Wege. Sie müssen nur noch mit dem zuständigen Pressevertriebszentrum Kontakt aufnehmen.

Sind die Anforderungen nicht erfüllt, kommt noch der Versand als Streifbandzeitung, Infopost, Infobrief oder als Brief infrage. Von einem Versand als Postvertriebsstück ist abzuraten, da die Hürden sehr hoch gesetzt sind – Postvertriebsstücke müssen durch ihren redaktionellen Inhalt überzeugen. Das redaktionelle Konzept darf in diesem Fall nicht unmittelbaren geschäftlichen Interessen dienen. Um diesen Eindruck zu vermeiden, sollten Sie auf zu werbliche Sprache, eindeutige PR-Artikel, Kaufempfehlungen, Ordertipps und Bestellnummern und das katalogartige Vorstellen von Produkten oder Dienstleistungen verzichten und darauf achten, dass die presseübliche Berichterstattung über 30 Prozent des Heftes einnimmt. Die weiteren Ansprüche an Postvertriebsstücke können Sie übrigens in den AGB der Deutschen Post im Internet unter www.deutschepost.de nachlesen.

Bei dem Versand als Streifbandzeitung gelten die gleichen Anforderungen wie bei der Pressesendung, allerdings mit einem entscheidenden Unterschied: Die Mindesteinlieferungsmenge von 1000 Exemplaren pro Ausgabe entfällt. Aber auch hier können Sie nicht einfach mit Ihrer fertigen Zeitschrift zur nächsten Postfiliale – Sie müssen vorab einen Vertrag mit der Deutschen Post abschließen.

Sind Sie sich über die optimale Lösung auf dem Postweg unsicher, können Sie sich von der Deutschen Post beraten lassen. Entweder in einem der bundesweit 30 Direkt Marketing Center oder direkt bei der Pressedistribution.[3]

Weitaus kostengünstiger ist die Verteilung über den Außendienstmitarbeiter. Durch die persönliche Übergabe sind die Streuverluste äußerst gering, zumal der Empfänger sich gewissermaßen geehrt fühlt. Ein nicht zu unterschätzender Vorteil liegt auch in dem direkten Feedback des Kunden zu Inhalt und Aufmachung. In späteren Gesprächen können Themenwünsche und Reaktionen auf bereits erschienene Beiträge unkompliziert abgefragt und in kommenden Ausgaben berücksichtigt werden. So bleibt das Heft „am Puls der Kunden", ohne dass aufwändige Leserbefragungen durchgeführt werden müssen.

Natürlich gibt es noch weitere Wege zum Kunden, angefangen von der Verteilung am Messestand oder durch eine „Kunden werben Kunden"-

---

[3] Die Adressen der Presse Distribution finden Sie im Anhang. Das nächstgelegene Direkt Marketing Center finden Sie im Internet unter www.deutschepost.de

Aktion, bei der neue Leser durch bereits zufriedene Leser geworben werden. Weiterer Vorteil: Der Adressbestand potenzieller Kunden kann so auf einfache Weise erweitert werden.

Vertriebsweg Internet

Sie werden sich wahrscheinlich nicht für einen einzigen Versandweg entscheiden, sondern verschiedene Wege miteinander kombinieren. Beliebt ist bei Unternehmen mit eigener – und gepflegter – Homepage die Integration des Kundenmagazin in den Internet-Auftritt. Auch hier gibt es verschiedene Wege: Entweder stellen Sie die gesamte Ausgabe beziehungsweise einzelne Artikel als PDF-Datei zum Download zur Verfügung, oder Sie reißen die wichtigsten Artikel kurz an und machen so potenzielle Leser neugierig, die den Print-Titel dann per Mausklick bestellen. Der Vorteil für Sie: neue, qualifizierte Adressen.

Natürlich können Sie Ihre bestehenden Leser auch über den Print-Titel gezielt auf die Homepage locken und so weitere Cross-Media-Potenziale nutzen. Bieten Sie weitergehende Informationen über bestimmte Themen im Internet an, richten Sie Diskussionsforen ein oder laden Sie an bestimmten Tagen zum Chat mit Experten ein.

Je nach Zielgruppe ist es durchaus denkbar, komplett auf die klassische Print-Ausgabe zu verzichten und nur das Internet für die Verbreitung der Kundenzeitschrift zu nutzen – entweder über den E-Mail-Versand oder als Download-Möglichkeit auf der Homepage. Ein Pilotprojekt für die Deutsche Telekommunikations- und IT-Branche bietet die Agentur FRESH INFO im rheinischen Sankt Augustin ihren Kunden an. Der Informationsdienst für die DSL-Branche startete im Herbst 2002 und fand bei den Lesern ein positives Echo. Die *dsl-review* wird als PDF-Datei per E-Mail an alle deutschen DSL-Anbieter, DSL-Ausrüster und Fachjournalisten verschickt. Der Leser erhält in der E-Mail einen Überblick über die behandelten Themen und kann daraufhin entscheiden, ob er das Dokument auf seinen Rechner speichert. Bei

dsl-review
der informationsdienst für den deutschen dsl-markt

Die Themen

Kurzmeldungen 1
   ++ UUNet zieht unfreiwillig die Bremse ++ 1
   ++ T-DSL Light im November ? ++ 1
   ++ DSL auch bei debitel.net ++ 1
   ++ AOL fokussiert auf Breitband ++ 1
   ++ Claranets VPN-Tool online ++ 1
Markt 1
   ADSL-Lite: Heulen und Zähneklappern bei ISPs?1
   ITK-Markt leicht im Plus 2
   Kabelnetze: Investitionen erlauben
   rosige Zukunft 2
Statement 3
   Keine Chance den Glücksrittern! 3
Unternehmen 3
   ABB beteiligt sich an MVV-Powerline 3
   Highberry will Insolvenz von COLT 3
   DTAG startet SDSL 4
   Teles auf Wachstumskurs 4
   Debitel und QSC im Providertest vorn 4
Impressum 3

Markt

ADSL-Lite: Heulen und Zähneklappern bei ISPs?

Je mehr ADSL-Lite-Anschlüsse gelegt werden, desto weniger ISPs gibt es auf dem europäischen Breitbandmarkt. Auf diese einfache Formel lässt sich die Meinung des Forrester Research-Analysten Lars Godell reduzieren. Godells Argumentation: ADSL-Lite wird den Breitband- in einen Massenmarkt verwandeln, denn die simple Technik ermöglicht monatliche Preise unterhalb der magischen Grenze von 30 Euro. Die Massen werden ihre 30 Euro aber nicht ihren bisherigen ISPs überweisen, sondern zu den etablierten Telekommunikationsunternehmen überlaufen, „die neue und preiswerte ADSL Lite-Angebote entwickelt haben, die Zugang und Content trennen." Mit ihren günstigen Konditionen im Einkauf und ihrem überlegenen IT-Know-how, so Godell weiter, werden die Telcos etliche ISPs ebenso übertrumpfen wie die ohnehin angeschlagenen Kabelnetzbetreiber. Die Folge: Etliche ISPs verschwinden vom Markt. Q.E.D. >2

Kurzmeldungen

++ UUNet zieht unfreiwillig die Bremse ++

Das Worldcom-Tochterunternehmen UUNet verursachte nach einem Bericht der Washington Post durch ein fehlerhaftes Upgrade für Routersoftware die größte Backbone-Störung der letzten Jahre. Rund 20 Prozent der Kunden spürten die deutlich langsamere Verbindungsgeschwindigkeit, Cable & Wireless verzeichnete einen starken Anstieg der Netzlast im eigenen Backbone. Erst nach einem halben Tag normalisierte sich der Datenverkehr wieder.

++ T-DSL Light im November ? ++

Gerüchte überall: Verivox verkündet DTAG „startet Anfang November" mit T-DSL Light und sammelt schon einmal vorsorglich Daten potenzieller Interessenten. Die PC-Welt gibt sich nach Rücksprache mit dem Telekom-Pressesprecher Walter Genz vorsichtiger bezüglich des Starttermins, spekuliert dafür über den künftigen Preis. Chip schließlich weiß von internen Wartelisten. Es bleibt also spannend!

++ DSL auch bei debitel.net ++

Mit DSL-privat.net bietet künftig auch debitel einen ADSL-Zugang. Der volumenbasierte Anschluss setzt T-DSL voraus und beinhaltet für monatlich 12,99 Euro ein Transfervolumen von einem GByte. Jedes weitere MByte wird mit 1,2 Cent „kilobytegenau" abgerechnet.

++ AOL fokussiert auf Breitband ++

„Unsere zukünftigen Produktentwicklungen konzentrieren sich ausschließlich auf die Breitband-Gemeinde" verkündet AOL-CEO Jon Miller in New York. Für sie will das Unternehmen eigene Chats, Instant Messaging, Video- und Musikangebote einführen. Hierfür lässt AOL ein eigenes Backbone-Netz errichten, den Auftrag hat das US-Unternehmen Akamai erhalten

++ Claranets VPN-Tool online ++

Claranet bietet seit neuestem ein Tool namens „VPN-Kalkulator" an. Damit sollen Kunden den Preis für ein Virtual Private Network mit bis zu 150 Standorten online berechnen können. Claranet will damit Wünschen nach mehr Kostentransparenz nachkommen. <

Ausgabe Nr. 6 vom 11. Oktober 2002
© fresh media, www.dsl-review.de Seite 1

Abbildung 2.5 Einmal wöchentlich bekommen die Leser der *dsl-review* eine Themenübersicht per E-Mail. Ob sie die angehängte PDF-Datei auf dem eigenen Rechner speichern und archivieren, hängt davon ab, ob die Themen überzeugen.

durchschnittlich 120 KB ist die Größe surferfreundlich. Die Qualität ist so gewählt worden, dass die *dsl-review* wahlweise am Bildschirm oder aber als Ausdruck gelesen werden kann. „Das Feedback ist sehr gut. Im nächsten Schritt möchten wir unsere Ansprechpartner davon überzeugen, dass sie ihre Kunden auf demselben Weg erreichen können – schnell, aktuell und kostengünstig", erläutert Marc C. Schmidt von FRESH INFO die Idee. Zusammen mit seinen Kollegen arbeitet er gerade an verschiedenen Umsetzungsmöglichkeiten einer digitalen Kundenzeitschrift.

Die ausschließliche Verbreitung einer Kundenzeitschrift über das Internet bietet sich jedoch nur bei den Zielgruppen an, die dem Internet gegenüber sehr aufgeschlossen sind und bei denen es um sachliche Hintergrundinformationen geht. Viele Bilder und eine hohe Seitenzahl verbieten sich von selbst – kein Leser wird bereit sein, Geld und Zeit für den Download eines Mediums zu investieren, das er sonst kostenlos nach Hause geschickt bekommt.

Dank zahlreicher Spam-Mails geht Daniel Wiesner, Geschäftsführender Gesellschafter der FOKUS evision-media GmbH, davon aus, dass sich dieser Vertriebsweg im Laufe der nächsten Zeit ändern wird. Statt PDF-Dateien werden sich, so seine Einschätzung, „Really Simple Syndication"-Feeds (RSS) durchsetzen. „RSS ist nicht ‚spammable', da die Inhalte nicht versendet, sondern zentral zur Verfügung gestellt werden. Man muss also seine Zielgruppe nicht immer wieder neu benachrichtigen, wenn man Aktuelles mitzuteilen hat – man stellt die Daten online, und die Zielgruppe aktualisiert sich praktisch von selbst: Bei jeder bestehenden Onlineverbindung überprüft der RSS-Reader automatisch den Anbieter-Server auf neue Inhalte, lädt diese herunter und benachrichtigt den Leser. Da heute davon auszugehen ist, dass die hier behandelten Zielgruppen regelmäßig online sind, ist die Aktualität der Inhalte gewährleistet. Ein Artikel wird in dem Moment online gestellt, wenn der Redakteur ihn freigibt. So ist auch eine modulare Aktualisierung möglich, die nicht auf feste Erscheinungszyklen von herkömmlichen Newslettern angewiesen ist", erläutert Wiesner. Ein weiterer Vorteil liegt für ihn in der

Tatsache, dass anfangs nur der News-Titel und ein oder zwei Anreißer-Sätze übertragen werden. Wer mehr lesen möchte, bekommt per Mausklick den kompletten Artikel angezeigt, der erst in diesem Moment geladen wird. „Mit diesem Vorgehen bietet sich eine einmalige Responsekontrolle: Der Streuverlust bei den gelesenen Artikeln ist gleich Null, da jeder Beitrag gezielt angefordert wurde. Gleichzeitig hat der Anbieter die Möglichkeit, genau zu verfolgen, für wen welcher Artikel interessant ist – und kann dieses Wissen für weitere Marketing-Aktivitäten einsetzen", so Wiesner. Einen Nachteil hat RSS nach Wiesners Einschätzung zurzeit dennoch: „RSS wird für den Mainstream erst interessant, wenn die gängigen E-Mail-Programme integrierte RSS-Plugins enthalten. Momentan muss der Leser noch einen RSS-Reader herunterladen, um die Inhalte lesen zu können."

2.4 Was kostet die Kundenzeitschrift?

Die Kalkulation des Magazins sollte bereits in der Konzeptionsphase beginnen, um später böse Überraschungen zu vermeiden. Eine exakte Kalkulation ist jedoch erst dann möglich, wenn wirklich alle relevanten Kostenfaktoren genau definiert sind. Dazu gehört beispielsweise die Frage, ob das Heft vierfarbig gedruckt wird, ob es mit einer Sonderfarbe auskommt oder ob es sogar – um der eigenen Unternehmensfarbe gerecht zu werden – fünf- oder sechsfarbig gedruckt wird. Weitere technische Faktoren sind Auflagenhöhe, Umfang, Erscheinungsintervall, Papierart und -gewicht, Format und die Weiterverarbeitung. All diese Faktoren hängen eng zusammen und sollten gemeinsam bedacht werden. Hinzu kommen die Kosten für Redaktion, Grafik, Fotografen beziehungsweise Bildmaterial, die unternehmensinternen Kosten für das Projektmanagement sowie der Vertrieb.

Spätestens in diesem Moment stellen sich viele Unternehmen die Frage, ob sich die Herausgabe eines Kundenmagazins wirklich lohnt oder ob es nicht besser wäre, auf dieses Prestigeobjekt zu verzichten. Kurzfristig rechnet sich die Zeitschrift sicherlich nicht, langfristig schon – vorausgesetzt, sie ist gut konzipiert und gut umgesetzt. Je nach Zielgruppe, Machart und Verbreitung kann ein Teil der Kosten über Anzeigen refinanziert werden. Dass sich das gesamte Magazin so trägt, ist jedoch sehr unwahrscheinlich. Vor allem, wenn es von kleineren oder mittelständischen Unternehmen mit einer eher geringen Auflage herausgegeben wird.

Gleiches gilt bei der Angabe eines Verkaufspreises. Es soll zwar Kunden geben, die sogar für einen Katalog Geld bezahlen und dies mit dem Hinweis, sie würden den Betrag ja bei der ersten Bestellung gutgeschrieben bekommen, rechtfertigen. Aber diese Spezies ist wohl eher selten anzutreffen. Der normale Kunde zahlt kein Geld für Werbung. Und als solche werden kostenpflichtige Kundenmagazine erst einmal wahrgenommen – auch wenn viele Verantwortliche in den Unternehmen gern damit argumentieren, dass das Heft dadurch hochwertiger erscheint. Anders sieht es bei Magazinen aus, die den Weg an den Kiosk geschafft haben, wie beispielsweise *Der Vermögensberater*. In diesem Fall zahlen die Leser dann gern einen Preis für das Magazin, wenn sie es sonst nicht erhalten und es ihnen interessante Informationen vermittelt – oder das Gefühl gibt, an einer Erlebniswelt teilzuhaben, die ihnen sonst nicht offen steht. Und das nur, weil sie nicht die richtige Automarke fahren …

Dass sich die Herausgabe einer Kundenzeitschrift für die Unternehmen trotzdem auch finanziell lohnen kann, liegt an den indirekten Refinanzierungspotenzialen. Angefangen bei der Kundenbindung über die Neukundengewinnung aufgrund von Weiterempfehlungen bis hin zu Cross Selling und einer Effizienzsteigerung im Kundenverhalten wird sich das Magazin in vielen Bereichen positiv auswirken.

Für die erste Kalkulation müssen Sie nicht verschiedene Journalisten, Grafiker oder Agenturen um ein Angebot bitten. Wahrscheinlich könnten Sie in diesem Stadium viele Fragen auch noch nicht beantworten. Hilfreich ist auch hier der Blick ins Internet. So bietet beispielsweise die Homepage des Deutschen Journalistenverbandes einen Überblick über die durchschnittlichen Honorare für Journalisten. Als durchschnittliches Zeilenhonorar für

Kundenzeitschriften bei einer Auflage bis 10000 Exemplaren gibt die Mittelstandsgemeinschaft Freie Journalisten (MFJ) 1,31 Euro für Nachrichten und Berichte und 1,87 Euro für Reportagen, Interviews, Glossen und Features an.[4] Basis für die Berechnung sind Zeilen mit jeweils 60 Anschlägen, wobei eine Seite insgesamt 30 Zeilen hat.

Dieser Seitenpreis ist allerdings kein leicht verdientes Geld, auch wenn es auf den ersten Blick so scheint. Dem Schreiben geht eine umfangreiche Recherche voraus, die über das Internet oder per Telefon stattfindet. Oft müssen die Journalisten auch vor Ort recherchieren und stellen dafür – sofern vorher verabredet – Spesen in Rechnung. Im Preis enthalten ist die Abstimmung der Texte mit dem Auftraggeber, die – vor allem am Anfang einer Zusammenarbeit – sehr umfangreich und zeitintensiv sein kann.

Der Seitenpreis im Corporate Publishing für die Redaktion inklusive Recherche, das Einpassen in die Seite und die Schlussredaktion liegt zwischen 350 Euro und 650 Euro; die komplette Seitenproduktion inklusive Grafik, Layout, Bildbearbeitung, Herstellung und Redaktion kann nach Angaben des DJV zwischen 750 und 1200 Euro liegen, zzgl. Fotohonorar.[5]

Ebenfalls interessant sind die Informationen zu den Honorarvereinbarungen, die der DJV auf seiner Homepage zur Verfügung stellt – so sollten Texter neben der Auflagenhöhe auch vereinbaren, ob sie mit den Texten das Alleinverwertungsrecht abgeben oder den Beitrag später – natürlich in einer geänderten Fassung – weiteren Medien anbieten können. Wobei dies im PR-Bereich eher die Ausnahme sein dürfte.

Selbst wenn Sie später nicht einzeln mit Freelancern verhandeln, lohnt sich ein Blick auf die Seite. Der DJV gibt mit der zum Download bereitstehenden Honorarübersicht für Auftragnehmer und Auftraggeber wichtige rechtliche Tipps. Ebenfalls vom DJV kommt die folgende übersichtliche

---

[4] Honorarempfehlungen der Mittelstandsgemeinschaft Freie Journalisten (MFJ) für 2002, nachzulesen unter www.djv.de. Eine Honorarübersicht findet sich auch im Anhang des Buches.
[5] ebd.

Aufschlüsselung der Betriebskosten freier Journalisten – keine schlechte Argumentationsbasis für Neulinge oder jene, die unter ständigem Preisdumping zu leiden haben. Denn auch wenn vorab Preise vereinbart worden sind, gehört der Satz „Sie sind zu teuer" leider oft genug zum Alltag eines Freelancers – auch wenn er weit unter den empfohlenen Stundensätzen von 50 bis 130 Euro für Texter liegt.

Rechenbeispiele: Was verbirgt sich hinter Honoraren?

Betriebsausgaben in Euro	pro Arbeitstag	pro Jahr
Gesamt	123,00	25.756,50
Personal	28,60	6.006,00
Miete	17,80	3.738,00
Deutsche Telekommunikation	16,50	3.465,00
Betriebliche Steuern	16,50	3.465,00
Reisekosten	15,00	3.150,00
Abschreibungen	6,20	1.302,00
Geringwertige Wirtschaftsgüter	4,00	840,00
Fotobedarf, Filme, Fotoarbeiten	3,50	735,00
Versicherungen/Berufsverband	3,00	630,00
Betriebsbedarf	2,80	588,00
Rechts- und Beratungskosten	2,40	504,00
Fachliteratur	1,60	336,00
Reparaturen	1,00	210,00
Werbekosten	1,30	273,00
Porto, Zustelldienste	1,00	210,00
Bürobedarf	0,70	147,00
EDV-Zubehör	0,50	105,00
Geldverkehr Nebenkosten	0,25	52,50
Gesamt	**Tag**	**Jahr mit 210 Arbeitstagen**
Honorar ./. Betriebsausgaben	250,00 Euro	52.500,00 Euro
	123,00 Euro	25.756,50 Euro
Bruttoeinkommen	127,00 Euro	26.743,50 Euro

Tabelle 2.1 Von diesem Bruttogehalt gehen Sozialversicherungen und Steuern ab. Quelle: DJV, Bonn

Ebenfalls sehr praktisch für einen ersten Eindruck ist der Etat-Kalkulator, der regelmäßig von der *creativ kollektion* in Freiburg herausgegeben wird. Unter dem Stichwort „Dienstleistungen, Honorare" gibt er unter anderem Durchschnittspreise für Texter und Grafiker an. Die Anschaffung des Etat-Kalkulators lohnt aber nur, wenn er über die einmalige Grobkalkulation der Kundenzeitschrift hinaus für Mailingaktionen, Prospekte, Flyer oder andere Aktionen genutzt werden kann.

Auch Bildhonorare sollten in der ersten Kalkulation berücksichtigt werden, auch wenn nicht immer ein eigener Fotograf notwendig ist. Viele Motive lassen sich über Bildagenturen einkaufen, andere gibt es mit etwas Glück sogar kostenlos. Wenn Sie einen regelmäßigen Reisebericht planen, können Sie hier in der Regel mit der freundlichen Unterstützung der Fremdenverkehrsämter rechnen. Stellen Sie bestimmte Produkte oder Dienstleistungen vor, kann ein Anruf bei dem entsprechenden Unternehmen weiterhelfen.

Die Bildhonorare schwanken mit Bildgröße und Auflagenhöhe. Einen ersten Überblick geben die Preistabellen auf den Internetseiten der großen Bildagenturen und die DJV-Homepage.

Nicht zu unterschätzen sind die Kosten für den Druck und die Weiterverarbeitung. Hier lohnt es sich, verschiedene Angebote einzuholen. Das ist, wenn man selbst noch nicht genau weiß, was man möchte, nicht ganz einfach. Vertrauen Sie in solchen Fällen auf die Erfahrung anderer. Nehmen Sie sich die Zeit und besuchen Sie Ihre Druckerei. Nehmen Sie Beispiele mit, wie Sie sich Ihr Heft vorstellen können. Definieren Sie Rahmenbedingungen: Was möchten Sie unbedingt, was auf gar keinen Fall. Machen Sie sich im Vorfeld Gedanken über die Weiterverarbeitung. Bei den meisten Zeitschriften werden die Seiten mit einer Drahtstichheftung durch den Rücken zusammengehalten. Etwas edler wirkt die Zeitschrift, wenn sie gelumbeckt wird. Diese Klebebindung ist aufwändig, benötigt eine längere Produktionszeit und wirkt leider nicht nur teurer als die Drahtstichheftung – sie ist es auch. Allerdings hat sie einen erheblichen Vorteil: Während bei der Drahtstichheftung Beihefter von Anzeigenkunden oder eigene Sonderhefte zum Entnehmen nur in der Mitte des Heftes platziert werden können, erlaubt die Klebebindung das Platzieren von Beiheftern im gesamten Magazin. Damit können nicht nur zwei Beihefter in einem Magazin untergebracht werden, auch die Heftdramaturgie wird erheblich erleichtert. Wenn es bereits einen festgesetzten Etat für den Druck gibt, sollten Sie ihn zumindest andeuten – nur so kann der Drucker fair rechnen und Ihnen ein gutes Angebot machen.

Je nach Auflage und Format kommt auch ein Digitaldruck infrage. Auch hier muss nicht ganz auf Farbe verzichtet werden: Wiederkehrende Farbflächen, Logos oder Ähnliches können in großen Mengen vorgedruckt werden, der Text wird später digital eingedruckt. Der Digitaldruck lohnt sich vor allem bei kleineren Auflagen. Darüber hinaus ist er nicht nur schneller, sondern bietet weitere Vorteile: So können Exemplare leicht personifiziert und Logos ausgetauscht werden. Der Digitaldruck kommt ohne Filmbelichtung und Druckplatte aus, die Daten werden direkt vom Computer in die Druckmaschine eingespeist und einzelne Exemplare können leicht nachgedruckt werden.

So oder so: Spielen Sie mit den einzelnen Komponenten. Gespart werden kann nicht allein an der Auflagenhöhe – 200 Exemplare mehr oder weniger fallen bei der Zahl der Kundenkontakte ins Gewicht, beim Druckpreis hingegen spielen sie kaum eine Rolle. Anders ist es bei der Papierauswahl: Magazine, die per Post im Briefkasten der Kunden landen, müssen auf ihr Gewicht achten! Dickes Papier kostet nicht nur mehr im Druck, auch beim Versand kann es entscheidend zu höheren Kosten beitragen – vor allem, wenn die Zeitschrift als Brief oder Infopost verschickt wird.

Eine Kalkulation mit so vielen Variablen kann natürlich nur einer ersten Orientierung dienen. Auch hier gibt es eine Von-bis-Rechnung, auf deren Basis – wenn nötig – nach Einsparpotenzialen Ausschau gehalten werden kann. Ein Posten taucht in dieser Kalkulation jedoch noch gar nicht auf: die Korrekturphase. In den Angeboten der Agenturen und Grafikern werden Sie oft den Hinweis „inklusive einer Autorenkorrektur" finden. Dies geschieht nicht ohne Grund, denn die Korrekturphase ist – je nach Kunde – aufwändiger als das Layout selbst. Der kleine Satz „Da muss jetzt aber noch ein Text rein" oder „Diesen Hinweis müssen wir streichen" bringt für den Grafiker mehr Arbeit mit sich, als viele ahnen. Jede Änderung im Layout, und sei es nur ein Satzzeichen, kann immense Folgen für den Umbruch haben. Das fängt bei neuen Trennungen an, die überprüft werden müssen, und geht bei groben Layoutfehlern wie Hurenkindern und Schusterjungen weiter, die leider nicht immer mit mehr oder weniger Absätzen vermieden werden können.

Arbeit kostet Geld, viel Arbeit kostet viel Geld – dies ist der Grund für viele unerfreuliche Diskussionen zwischen Dienstleistern und Unternehmen. Wenn Korrekturen unkoordiniert im Fünf-Minuten-Takt eintreffen und für jedes Komma eine neue PDF-Datei oder ein Farbausdruck gewünscht wird, kann sich der Dienstleister seine geplante Gewinnmarge schnell abschreiben; es sei denn, er erhöht die Rechnung um den Mehraufwand. In solchen Momenten ist jeder froh, der den bereits oben erwähnten Hinweis der *einen* Autorenkorrektur im Angebot stehen hat.

Wie so oft helfen auch hier genaue Absprachen. Auch wenn die Erfahrung zeigt, dass schriftliche Freigaben noch lange keine Freigaben sein müssen, sind damit die Verantwortlichkeiten und die Kostenübernahme geklärt. Spätestens wenn die Druckmaschinen angehalten oder Ausgaben eingestampft werden müssen, ist jeder froh, der ein solches Blatt vorweisen kann. So dramatisch wird es nicht immer sein, aber auch freigegebene Texte, die – nachdem sie gestaltet wurden – rabiat gekürzt, umgeschrieben oder verlängert werden, können schnell einige Hundert Euro kosten und somit das Budget sprengen.

Kosten in der konzeptionellen Vorlaufphase

Von der Idee bis zur Realisation ist es ein langer Weg, der Wochen, vielleicht Monate dauern kann – und der ebenfalls Kosten verursacht. In diese Vorlaufphase gehören unter anderem sämtliche Vorbereitungen und Gespräche über die geplante Zeitschrift bis hin zur Erstellung eines Dummys mit dem die Konzeption zum ersten Mal praktisch getestet wird. Dieses erste Handmuster, oft liebevoll von Hand geklebt, visualisiert die konzeptionellen Vorgaben wie Spaltenbreite, Flatter- oder Blocksatz, ausgewählte Schriftarten, den Einsatz von Bildern und vieles mehr. Mit dem Dummy werden Papierart und -format, Heftstruktur, Umfang, Text- und Bildanteil definiert, noch bevor eine einzige Zeile geschrieben oder ein einziges Motiv fotografiert wurde. Zum ersten Mal in der gesamten Konzeptionsphase erhalten alle Beteiligten einen ersten Eindruck davon, wie die neue Zeitschrift visuell wirkt.

In großen Unternehmen ist der nächste Schritt die Produktion einer Nullnummer, die bereits Bilder und Texte enthält. Mit diesem Zwischenschritt möchten die Verantwortlichen zweierlei erreichen: Zum einen werden die Produktionsstrukturen aufeinander abgestimmt, zum anderen wird die Nullnummer – in kleiner Auflage gedruckt – als Testheft verwendet, um die Leserakzeptanz zu analysieren und mögliche Schwächen in der Konzeption auszubügeln.

Für den Dummy fallen Kosten für die Ausarbeitung des redaktionellen Konzeptes auf Basis der Briefingunterlagen und die grafische Umsetzung an. Die Nullnummer wird etwas teurer, da sie bereits Redaktion und Bildmaterial enthält und ein erstes professionell erstelltes Magazin ist. Zu den anfallenden Kosten zählen hier pauschale Kosten für die Redaktionsleitung, für die Leitung der Herstellung und der Grafik, die seitenbezogenen Kosten für Redaktion, Bildrechte, Layout, Satz, Litho, Belichtung, Copyproof, Andruck und Korrekturen sowie Druck- und Papierkosten.

Der nächste Kostenfaktor ist die Analyse: Nach Befragung der Leser und Auswertung der Antworten wird das Konzept eventuell überarbeitet oder einzelne Anregungen werden übernommen.

Oft ist die Nullnummer einer Ausgabe bereits das erste Heft, das an die Kunden verteilt wird – sei es, weil Kosten gespart werden sollen oder weil das Unternehmen erst nach einigen Ausgaben das Feedback der Kunden einholen möchte.

In der Realisationsphase kommen zu den oben genannten Kosten für die Nullnummer die Umfang- und auflagenabhängigen Kosten, zu denen Druck- und Papierkosten, die buchbinderische Verarbeitung und die Vertriebskosten gehören.

Kalkulation mit Variablen

Mit dem ersten Testlauf werden sich naturgemäß Abweichungen zur ersten vorläufigen Kalkulation ergeben. Die nun vorliegende Basiskalkulation bietet die Chance, mit verschiedenen Variablen zu spielen und sich so dem vorhandenen Budget zu nähern. Zu den Variablen, die am meisten Wirkung auf das Gesamtbudget haben, zählen Umfang, Auflage und der Einsatz von Farben.

Der Umfang kann aus drucktechnischen Gründen nur in Viererschritten reduziert oder aufgestockt werden. Dies hat – neben den Druckkosten – auch Auswirkung auf Redaktionskosten, Herstellungskosten, den Vertrieb sowie – je nach Vereinbarung – auf die Bildhonorare.

Gerät das Projekt kostentechnisch aus dem Ruder, sollte über den Einsatz der Farben nachgedacht werden. Nicht immer muss ein Vierfarbdruck sein, schon mit dem Einsatz von zwei Farben lassen sich anspruchsvolle Kundenzeitschriften realisieren. In diesem Fall kann in den Bereichen Litho, Belichtung, Copyproof, Andruck und Druck gespart werden.

Nicht sparen sollten Sie an der Redaktion und der Grafik, auch wenn sich Agenturen „überreden" lassen, mit immer weniger Budget auszukommen. Das heißt nicht, dass Mondhonorare gezahlt werden sollen – richten Sie sich nach den durchschnittlichen Honorarsätzen. Dies ist nicht nur fair gegenüber Ihren Geschäftspartnern, sondern garantiert Ihnen auch gleich bleibende Qualität. Wer für ein zu geringes Honorar arbeitet, braucht mehr Zeit für andere Auftraggeber, um laufende Kosten zu decken – Zeit, die er nicht in Ihre Kundenzeitschrift investieren kann.

Refinanzierung durch Anzeigen

Natürlich möchte jedes Unternehmen die Investition in eine Kundenzeitschrift auf irgendeinem Weg wieder zurückbekommen. Eine gern diskutierte Möglichkeit sind Anzeigen von Dritten. Im Gegensatz zu Pressemitteilungen, Geschäftsberichten und Imagebroschüren sind diese in Kundenmagazinen nicht tabu, sie können das Heft sogar aufwerten. Dennoch ist das Anzeigengeschäft auch bei Kundenmagazinen sehr mühsam.

Dabei liegen die Schwierigkeiten bei der Akquise nicht nur in der wirtschaftlichen Situation potenzieller Anzeigenkunden begründet, sondern im Fehlen professioneller Mediadaten. Um ein Unternehmen von einer Anzeigenschaltung zu überzeugen, müssen Sie passende Argumente liefern – beispielsweise die Reichweite, Kundenkontakte und so weiter. Eben all die Fakten, nach denen Sie in einer solchen Situation auch fragen würden.

Vielleicht können Sie Ihren Anzeigenkunden im Gespräch überzeugen. Mit der wachsenden Zahl der Kundenmagazine und Kauftitel wird dies aber zunehmend schwieriger. Überzeugender sind Leseranalysen, Strukturdaten und Angaben über die Reichweite. Liegen diese nicht vor, sind Unsicherheit und Skepsis die Folge.

Sicherheit bietet, wie bei Kauftiteln auch, die IVW-Prüfung. Die Informationsgemeinschaft zur Feststellung der Verbreitung von Werbeträgern (IVW) hat 2001 die Richtlinien für die Auflagenkontrolle im Bereich der Kundenzeitschriften geändert. Fand vorher eine Aufschlüsselung nach Druckauflage, Verbreitung, Verkauf und Freistücken statt, erfasst die IVW seit dem 3. Quartal 2001 auch die im Abonnement, Einzelverkauf und Sonstigen Verkauf abgesetzten Exemplare. Weitere Differenzierungen für den Bereich Sonstiger Verkauf sind geplant. So soll die verbreitete Auflage beispielsweise nach ihrer Verteilung über Klubs, POS und Messen aufgeschlüsselt werden, um so mehr Transparenz zu erhalten. Von den vielen Kundenzeitschriften auf dem deutschen Markt sind derzeit 81 Titel IVW-geprüft.

Für die Auflagenkontrolle von Kundenzeitschriften hat die IVW Richtlinien entwickelt, die auf der Homepage www.ivw.de bereitstehen. Nach IVW-Definition sind Kundenzeitschriften „periodisch erscheinende Zeitschriften belehrenden und unterhaltenden Inhalts, die der Verbraucherinformation, dem Kundenkontakt und der Werbung dienen. Interessenten beziehen Kundenzeitschriften direkt oder indirekt von Verlagen."[6]

Bei der Auflagenprüfung werden Verkäufe zur Weitergabe und abonnierte Exemplare berücksichtigt. Dazu zählen neben Personal- und Mitgliederstücken auch die an den Buchhandel für dessen Abonnenten ohne Remissionsrecht verkauften Exemplare. Außerdem werden Lieferungen mit Remissionsrecht an den Großhandel, an Zeitungs- und Zeitschriftenhändler, an Buchhändler oder an sonstige Wiederverkäufer gegen Rechnung im In- und Ausland sowie Lieferungen an nichtständige Abnehmer von Einzelexemplaren zum Einzelverkaufspreis, Remittenden, Exemplare aus dem Sonstigen Verkauf und Freistücke angerechnet.

Bezahlen lässt sich die IVW ihr Engagement abhängig von der Auflagenhöhe. Der Jahresbeitrag fängt bei 470 Euro für ein Heft mit einer Auflage von 30.000 Exemplaren an[7], hinzu kommt noch der Aufnahmebeitrag.

Neben der Auflagenhöhe und der Reichweite spielt die Zielgruppenstruktur eine wesentliche Rolle. Der Hinweis auf das durchschnittliche Alter der Leser reicht hier nicht aus. Interessanter ist, mit welchen Werten sich die Leser identifizieren. Eine Burgerkette wird kaum zu einer Anzeigenschaltung in einer Kundenzeitschrift eines Bio-Ladens überzeugt werden können – sofern der Herausgeber diese Anzeige überhaupt drucken wollte.

Die Frage, wer als potenzieller Anzeigenkunde infrage kommt, ist also nicht ganz unerheblich. Bei Handelstiteln werden die Hersteller gelisteter Produkte aus dem Regal angesprochen, bei Autotiteln sollten die Anzeigenkunden dem Lebensgefühl der Kunden entsprechen. Bei den Titeln der Re-

---

[6] Die Richtlinien für die IVW-Auflagenkontrolle von Kundenzeitschriften in der Fassung des Verwaltungsratsbeschlusses vom 15. Mai 2001
[7] Stand: Oktober 2002

formhäuser und Bio-Läden kommen Produkte und Dienstleistungen infrage, die entweder im Regal zu finden sind oder aber dem klar definierten Lebensgefühl entsprechen. Die größten Brutto-Werbeumsätze generieren übrigens Auto-, Wohn- und Apothekentitel.

Für eine Anzeigenschaltung in Kundenzeitschriften sprechen die klar definierte Zielgruppe und die damit verbundenen geringen Streuverluste, die zudem mit meist geringeren Anzeigenkosten gepaart sind. Um den Leser nicht zu verschrecken, sollten die Anzeigen maximal 50 Prozent des Heftumfanges ausmachen. Ansonsten entsteht leicht der Eindruck eines Werbeblättchens, das sehr schnell den Weg ins Altpapier finden dürfte.

Die Refinanzierung durch Anzeigen kostet erst einmal Geld, beispielsweise für eine professionelle Basisausstattung für die Anzeigenvermarktung. Dazu gehören die Mediadaten mit Anzeigenpreisen und Angaben zu Erscheinungsweise, Redaktionsplänen und technischen Anforderungen. Hinzu kommen Kosten für Adressmaterial, Werbefolder für Direktmarketingaktionen und die Provision für den Anzeigenverkäufer beziehungsweise die vermittelnde Agentur.

Mit der Aufnahme von Anzeigen in das Magazin gilt es eine weitere Frage zu klären: Werbung nimmt Platz weg. Entweder verzichtet der Herausgeber auf redaktionellen Inhalt oder er erhöht die Seitenzahl – was wiederum zu erhöhten Druckkosten führt. Und zwar für vier, acht oder mehr durch vier teilbare Seitenzahlen. Es sollte also genau überlegt werden, ab wann sich Anzeigen wirklich rechnen!

Gemeinsam überzeugen:
Kooperationen bei der Umsetzung

Anzeigenkunden zu gewinnen ist für auflagenstarke Titel nicht einfach, für die Vielzahl der kleinen Kundenzeitschriften ist dieses Ziel oft unrealistisch. Dennoch gibt es auch hier Chancen, das Magazin zu refinanzieren und es so vielleicht überhaupt erst ermöglichen zu können.

Ein erfolgreiches Beispiel sind die *ivm News*, die halbjährlich vom Institut der Versicherungsmakler, ivm, herausgegeben werden. Der Newsletter bietet den Kunden der Versicherungsmakler aktuelle Versicherungstipps. „Die meisten Versicherungsmakler unterhalten nur kleine Büros mit einigen wenigen Angestellten", erläutert Christoph Koch, Inhaber der Agentur PUBL!COM, der den Newsletter umsetzt. Für diese Gruppe ist die Entwicklung und Produktion einer eigenen Kundenzeitschrift in der Regel nicht realisierbar. Hier setzt das Konzept an. „Der Newsletter erscheint in einer neutralen Version mit der Möglichkeit zur Individualisierung per Stempel. Bei einem Bestellvolumen von 250 Exemplaren oder mehr kann der Versicherungsmakler den Newsletter durch den Eindruck von Firmennamen und Kommunikationsdaten teilweise individualisieren", führt der PR-Berater weiter aus. An der Redaktion der *ivm News* beteiligen sich drei Versicherungsmakler, mit denen Koch die Inhalte plant und abstimmt. Jedes der rund 250 Mitgliedsunternehmen des ivm erhält kostenfrei 25 Exemplare jeder Ausgabe, rund 40 Maklerbüros haben darüber hinaus bis zu 5000 Newsletter bestellt, die sie an ihre Kunden verteilen. Auf die individualisierte Version legen elf Versicherungsmakler Wert.

Nicht anders ist es bei der mittlerweile eingestellten Zeitschrift *computer compass forum*, die von führenden IT-Systemhäusern für ihre Kunden herausgegeben wurde. Das Heft mit ca. 100 Seiten, durchgehend vierfarbig gedruckt, wurde auf dem Titel durch Eindruck des Logos individualisiert. Damit nicht genug: Eine weitere Individualisierung des Heftes stand mit der Gestaltung der weiteren Umschlagseiten sowie einem Rückfax-Formular zur Verfügung.

Auch *Energie live*, das Kundenmagazin des Energieverbundes ewmr, arbeitet mit einem Mantelteil, der durch regionale Seiten ergänzt wird. Auf dem Titel findet sich nicht nur das Logo der jeweiligen Stadtwerke wieder – pro Ausgabe gibt es eine eigene Titelgestaltung, auch die Rückseite, die U4, variiert.

Ähnlich arbeitet die bereits erwähnte Kundenzeitschrift *Der Vermö-*

gensberater, bei der auf genau festgelegten Seiten Name und Anschrift des Kundenberaters eingedruckt werden. Für die Berater kostet die Abnahme individualisierter Hefte nicht mehr als der Abkauf der Zeitschriften ohne Eindruck. Der einzige Haken: Jeder Berater muss früh genug wissen, wie viele Exemplare er mit Eindruck haben möchte; geliefert wird im 20er-Pack. Nachbestellungen sind zwar möglich, allerdings können dann nur Hefte ohne Eindruck bestellt werden.

Neben solchen Kooperationen kommen auch branchenfremde Unternehmen für eine konstruktive Zusammenarbeit infrage. Ein Beispiel sind die *Kino News*, die gemeinsam von McDonald's und Cinemaxx herausgegeben werden. Die Vorteile: Sämtliche Kosten werden gemeinsam getragen, die beteiligten Unternehmen haben einen erweiterten Kundenkreis und der Leser wird nicht nur mit einer „Marke" beworben, sondern sieht in diesen Magazinen ein echtes Serviceangebot.

Auch die Gartenzeitschrift *eden* ist das Ergebnis einer Kooperation. Rund 100 Gärtner und Landschaftsbauer haben sich zu den „Gärtnern von eden" zusammengetan und die Zeitschrift als klassisches CP-Instrument ins Leben gerufen. Unterstützt wurden sie dabei von der Medienfabrik Gütersloh. Das Magazin ist von der redaktionellen Umsetzung, der Grafik und dem Druck hochwertig aufbereitet. Bei den Themen wechseln sich Hintergrundberichte, Tipps und Fallbeispiele ab. Die „Gärtner von Eden" finden sich in einer redaktionellen Strecke wieder, allerdings ohne plumpe Werbung – Fallbeispiele zeigen eindrucksvoll ihr Können. Der Vertrieb lief zunächst über die Gärtner, die eine bestimmte Auflage abnahmen und an ihre Kunden verteilten. Mittlerweile ist das Magazin am Kiosk und als Abo erhältlich.

3 Von der Idee zum Produkt: Die Umsetzung

> „Zukunftskonzepte müssen so vielfältig sein
> wie die Probleme, die sie lösen sollen."
> *David J. Herman (*1946),*
> *1992–98 Vorstandsvorsitzender der Adam Opel AG*

Zugegeben: Bei vielen Unternehmen, die bisher keine Erfahrung mit der Herausgabe einer Kundenzeitschrift gesammelt haben, besteht die Konzeptionsphase in der Aufforderung an die bestehende Werbe- oder PR-Agentur: „Wir möchten eine Kundenzeitschrift herausgeben. Machen Sie doch mal einen Vorschlag, wie das aussehen könnte." Das kann gut gehen. Hat die Agentur oder der jeweilige Kundenberater allerdings genauso wenig Erfahrung wie der Auftraggeber, ist das schönste Chaos vorprogrammiert – vor allem dann, wenn zudem ein knapper Termin für die erste Ausgabe gesetzt wird, die anlässlich einer Messe, eines Jubiläums oder aus einem anderen Grund zu einem bestimmten Termin vorliegen soll.

Welche Blüten diese Zusammenarbeit treiben kann, zeigt das Beispiel einer Mitarbeiterzeitschrift mit einem Umfang von acht DIN-A4-Seiten, aus Kostengründen im Digitaldruck produziert. Angesiedelt war das Projekt bei der Marketingabteilung, das letzte und entscheidende Wort hatte der Geschäftsführer. Im Unternehmen gab es eine Redaktion mit Redaktionssitzungen, innerhalb der Agentur war ein Kundenberater – unterstützt durch einen Grafiker und später durch einen weiteren Texter – für die Umsetzung verantwortlich. Bei der ersten Ausgabe stellte sich schnell heraus, dass weder Berater noch Kunde bisher Erfahrungen im Bereich der Zeitschriftenproduktion hatte: Es gab weder einen festen Themenplan noch einen verbindlichen Terminplan – dafür aber bei jeder Redaktionssitzung neue Ideen und Wünsche. Texte wurden ins Layout gebracht, noch bevor sie freigegeben waren. Fotos wurden nachgereicht und neue Themen mussten kurzfristig eingeplant werden. Nervenraubend und kostenintensiv war jedoch der Kundenwunsch, regelmäßig ein Layout zu sehen, um zu schauen „wie viel Platz" für weitere Texte noch da wäre. Die Seitenaufteilung wurde regelmäßig neu definiert, Beiträge hin und her geschoben, gestrichen und wieder aufgenommen. Dass dies zu Missverständnissen führen musste, liegt auf der Hand. Fehlende Protokolle sowie ein Briefing der Grafik und des Texters aus dem Gedächtnis und zwischen zwei Telefonaten machten das Chaos perfekt. Nach drei Ausgaben schließlich waren alle Beteiligten schnell davon zu überzeugen, dass verbindliche Themen- und Terminpläne am Anfang einer jeden Produktion stehen sollten.

3.1 Die Textschmiede: Zusammenarbeit mit der Redaktion

Das beste Mittel gegen Chaos ist eine konstruktive Zusammenarbeit. Dazu sollte jeder seinen Aufgabenbereich kennen und definieren können. Je größer die Gruppe der Beteiligten ist, desto wichtiger ist eine klare Aufgabendefinition, die für alle bindend ist. Der nächste Schritt ist die Sicherstellung des Informationsflusses: Die Redaktion sollte über so viel Hintergrundwissen wie möglich verfügen. Stellen Sie alles zur Verfügung, was interessant sein könnte – angefangen von bisherigen Pressemitteilungen über den Geschäftsbericht bis hin zu Produkt- oder Serviceangeboten. Handelt es sich um einen Relaunch oder die Fortsetzung einer bestehenden Zeitschrift, benötigt Ihr neuer Dienstleister ältere Ausgaben, um sich einen Überblick über die bisher behandelten Themen zu verschaffen.

Nehmen Sie alle am Projekt Beteiligten in Ihren Presseverteiler und in den Marketingverteiler auf. Sie können der Redaktion gar nicht zu viel Informationen zur Verfügung stellen – auch wenn Sie sich manchmal fragen werden, ob wirklich jemand die ganzen Unterlagen liest. Informieren Sie die Redaktion auch über interne Vorgänge oder Krisensituationen, die nicht nach außen getragen werden sollen. Durch diese offene Kommunikation vermeiden Sie, dass sich die Redaktion bei ihren Recherchen in Fettnäpfchen wiederfindet oder Themen anrecherchiert, die dem Unternehmen in diesem Moment eher schaden.

Bevor sich das Team richtig eingespielt hat, sollten regelmäßige Redaktionstreffen stattfinden. In ihnen wird die inhaltliche Konzeption mit Leben gefüllt. Im Idealfall kennen alle Redaktionsmitglieder das Konzept und den geplanten Heftaufbau, um sich auf die Sitzung vorbereiten zu können. Das klingt nach einer Selbstverständlichkeit, ist es erfahrungsgemäß aber nicht. Problematisch wird es vor allem dann, wenn sich die Redaktion aus Vertretern verschiedener Unternehmensbereiche zusammensetzt. Bei diesen Teams geht es oft um die Stellung der eigenen Abteilung innerhalb des Unternehmens und weniger um die Frage, was den Kunden interessieren könnte. Die Folge: Aufbau und Konzeption der Zeitschrift wird immer wieder infrage gestellt. Diese Kampf-Treffen sind nicht nur anstrengend, sondern auch teuer – und enden meist ergebnislos.

Gut vorbereitete Redaktionssitzungen können diese Grabenkämpfe vermeiden. Bereiten Sie neben einer Gesprächsagenda, die zu Anfang der Sitzung verabschiedet wird, einen verbindlichen Terminplan und einen Seitenplan vor. Dazu teilen Sie das Kundenmagazin in die geplanten Rubriken auf und legen fest, für welche Bereiche wie viele Seiten zur Verfügung stehen. Während der Redaktionssitzung werden die Themen der einzelnen Rubriken festgelegt und auf die entsprechenden Seiten verteilt. Im nächsten Schritt werden die Verantwortlichen namentlich im Plan erfasst. Dieser Plan wird nun bis zum erfolgreichen Redaktionsschluss regelmäßig um den Status quo aktualisiert und an alle Beteiligten gemailt oder gefaxt.

Diese Vorgehensweise hat verschiedene Vorteile: Durch die Namensnennung fühlen sich alle Beteiligten in die Pflicht genommen. Gerade in großen Unternehmen, in denen der Arbeitsalltag wenig Zeit für andere Aufgaben lässt, wirken schriftliche Pläne verbindlicher als lockere Absprachen während der Redaktionssitzung. Außerdem ist es einfach ärgerlich, wenn bei allen anderen Kollegen der Hinweis „Informationen weitergeleitet" oder „Freigabe erfolgt" steht, man selber aber noch zu gar nichts gekommen ist.

Zum anderen sind diese Pläne einfach praktisch – jeder kann auf einen Blick erkennen, was wo hakt, und Lösungsvorschläge anbieten. Der Informationsfluss stockt nicht und niemand muss sich übergangen fühlen.

Ähnliches gilt für Terminpläne – auch sie sind äußerst nützlich, weil verbindlich. Damit sie eingehalten werden können, sollten sie jedoch mit realistischen Vorgaben aufgestellt werden. Bei der Terminfestlegung rechnen Sie von hinten: Der gewünschte Erscheinungstermin ist der Ausgangstermin, alles andere richtet sich nach ihm. Planen Sie für alle Schritte genügend Zeit ein – erkundigen Sie sich frühzeitig bei Ihrer Druckerei, wann sie die Daten braucht, um rechtzeitig ausliefern zu können. Sobald Sie merken, dass Sie den Termin nicht halten können, sollten Sie Ihre Druckerei darüber informieren. Auch dort wird geplant, Maschinen eingeteilt oder reserviert. Unangemeldete Verzögerungen können so leicht zu längeren Wartezeiten führen. Geben Sie Ihrem Dienstleister im beidseitigem Interesse die Chance, umzudisponieren.

Der Schritt vor dem Druck ist die Erstellung der Druckvorlagen, die Belichtung, sofern diese nicht direkt in der Druckerei erfolgt oder es sich um einen Digitaldruck handelt. Planen Sie genügend Zeit für Schlusskorrektur, Grafik und Layout und für die Texterstellung und Abstimmung ein. Denken Sie dabei auch an Urlaubszeiten – sind Ansprechpartner nicht zu erreichen, braucht die Redaktion mehr Zeit.

Hat sich das Team erst einmal eingespielt, kann später vieles per E-Mail oder Telefon geklärt werden. Dies funktioniert aber nur, wenn alle Beteiligten auf einer Welle schwimmen und sich an die Vereinbarungen halten. Sobald ein Mensch dabei ist, der ständig missverstanden wird oder sich an Absprachen nicht erinnert, müssen alle wieder gemeinsam an einen Tisch.

Fiktives Beispiel:
LebensArt – ein Magazin für Weinfreunde

Nehmen wir an, Sie planen als Inhaber eines großen Weingutes an der Mosel ein Magazin für Weinkenner und -genießer. Ziel des Projektes ist es, über die Formulierung eines Lebensgefühls potenzielle Käufer zu erreichen und bestehende Kunden zu binden. Da Ihr Wein höherwertig – und dementsprechend kostspielig – ist, würde eine platte Kundenansprache das Ziel verfehlen. Ihr Leser soll deswegen eine Lektüre bekommen, die den Wert des Weines unterstreicht und so den Leser als Weinkenner und niveauvollen Menschen selbst aufwertet.

Statt also die eigenen Rebsorten zu bewerben, wecken Sie mit der passenden Erlebniswelt Bedarf – und taufen Ihr Magazin zielgruppengerecht *LebensArt*. Geplant ist das Heft zunächst halbjährlich mit einem Umfang von insgesamt 16 Seiten, vier davon bilden den Umschlag. Die Seite 3 nutzen Sie für Inhaltsverzeichnis und Editorial. Auf den restlichen elf Seiten möchten Sie zum einen Hintergründe über den Weinanbau, die Lese und die Kellerei vermitteln, zum anderen über das Weinanbaugebiet Mosel informieren. Natürlich gehört zur *LebensArt* auch der Genuss des Weines – weshalb Sie verschiedene Rebsorten, Käsesorten und Rezepte vorstellen sowie Begriffe rund um den Wein in einem kleinen Lexikon erläutern. Termine zur Weinprobe, der passende Wein zu Festtagen und andere genussreiche Themen runden Ihr Magazin ab.

Bei dem geplanten Umfang und der Erscheinungsweise greifen Sie auf einen Journalisten zurück, den Sie als Weinliebhaber kennen und der bereits erfolgreich mit einem Fotografen zusammenarbeitet. Sie selbst übernehmen die Anzeigenakquise für die Umschlagseiten, da Sie durch den Vertrieb Ihres Weines gute Kontakte haben. Die Layoutarbeiten übernimmt ein kleines Grafikbüro im Nachbarort, das bereits ein umfangreiches Fotoarchiv zu diesem Thema besitzt.

Mit einem Vorlauf von drei Monaten planen Sie nun die erste Ausgabe des Magazins, das zum Herbst erscheinen soll. Nachdem Zielgruppe und Rubriken festgelegt wurden, geht es an die eigentliche Arbeit. Um den Einstieg ins Heft zu erleichtern, folgt auf das Editorial und das Inhaltsverzeichnis eine Doppelseite mit bunten Meldungen rund um den Wein. Das können Hinweise auf neue Produkte wie Weinthermometer oder besonders schöne Flaschenkühler für Sekt und Weißwein sein oder Hinweise auf Weinwanderwege. Die Fotos, die Sie dazu benötigen, bekommen Sie von den Produktherstellern beziehungsweise vom Fremdenverkehrsamt, das für den Wanderweg zuständig ist.

Die Hintergrundthemen sind schnell gefunden – der Herbst ist immerhin die Zeit der Weinlese. Drei Seiten Reportage mit Fotos sind da kein Problem. Um die Stimmung aufzubauen, starten Sie zunächst mit zwei Seiten über die Weinlandschaft Mosel. Vom Fremdenverkehrsamt wissen Sie, dass Sie dazu eine Auswahl ansprechender Fotos mit Herbstlicht bekommen können. Damit können Sie nicht nur die Reportage illustrieren, sondern – durch die geschickte Auswahl von Bildmotiven und Ausschnitten – Spannung erzeugen. Durch die Herbstfarben auf den Fotos wirken die Seiten warm und farbig, aber nicht überfüllt oder grell.

Natürlich möchten Sie Ihre Weine verkaufen. Unter der Rubrik *Lebens-Art* widmen Sie deshalb eine Seite einem beliebten und edlen Rotwein, dessen Vorzüge Sie gekonnt beschreiben. Dazu passend bekommen Ihre Leser auf den folgenden zwei Seiten Rezepte mit und rund um diesen Wein. Anspruchsvolle Fotos sorgen für das richtige Ambiente. Und weil Ihre Leser das Besondere lieben, schlagen Sie Ihnen in der Rubrik „Service" auf Seite 14 vor, ihre Geschäftspartner bei passender Gelegenheit mit einem edlen Tropfen zu verwöhnen und so Niveau und Wertschätzung unter Beweis zu stellen. Beispielsweise zu Weihnachten, da Sie zu diesem Anlass besonders festliche Verpackungen anbieten und auch den Versand vom Weingut aus übernehmen.

Als Anzeigenkunden konnten Sie für die Umschlagrückseite, die U4, sehr schnell das Fremdenverkehrsamt gewinnen, das auf mehr Tourismus hofft und sich darüber freut, dass Sie bei der Themenplanung auch auf die Region eingehen. Auf der zweiten Umschlagseite, der U2, wird die neue Kollektion edler Rotweingläser angeboten und die U3 nutzen Sie für die Vorschau auf das kommende Heft. Dann geht es schwerpunktmäßig um leichte, fruchtige Sommerweine, Käse und alles, was dazu gehört.

So weit die mündlichen Ergebnisse der Redaktionssitzung und der ersten Gespräche mit Anzeigenkunden. Mit dem Seitenplan werden nun Heftaufbau und Aufgabenverteilung schriftlich festgehalten, sodass Missverständnisse, so weit es geht, auszuschließen sind. Gleiches gilt für den Terminplan – wenn jeder weiß, was er bis wann zu tun hat, gehen allen Beteiligten schnell die Ausreden aus. Und so würden die Pläne bei der geplanten Zeitschrift *LebensArt* in etwa aussehen:

Seitenplan

Rubrik/Thema	Seite	Foto	Zuständig intern	Zuständig extern	Status
Titel	U1	Aufnahme Weingut		Grafiker	
Anzeige Weingläser	U2			Glashersteller	liegt vor
Editorial „Flaschenpost"	3	Inhaber	Inhaber Müller	Journalist Meier	Stichworte liegen vor
Inhaltsverzeichnis	3			Meier	
Meldungen	4–5	Ja, diverse Produkte		Meier	Fotos von Hersteller
Weinlandschaft Mosel	6–7	Stimmungsaufnahmen	Müller	Meier, Fotos: FVA	Infos kommen
Weinlese im Oktober	8–10	Lese, Reben, Stimmungsaufnahmen	Müller	Meier, Fotograf Schmitz, Archiv	Interview am 20. Juli
LebensArt: Rotwein	11	Ambiente	Müller	Meier, Schmitz	Infos kommen
LebensArt: Rezepte	12–13	Ambiente	Müller	Meier, Schmitz	Recherche läuft

Rubrik/ Thema	Seite	Foto	Zuständig intern	Zuständig extern	Status
Edle Geschenke	14	Ambiente	Müller	Meier, Schmitz	Infos kommen
Vorschau	15				Infos kommen
AZ FVA	16				

Tabelle 3.1 Seitenplan für die Ausgabe Herbst 2003 der Zeitschrift *LebensArt*

Terminplan

To do	Termin	Zuständig intern	Zuständig extern	Status
Versand durch Druckerei	02.10.		Drucker	
Druckabgabe	22.09.		Grafiker	
Belichtung	19.09.		Litho	
Schlusskorrektur	bis 17.09.		Journalist Meier	
Reinzeichnung	11.–15.09.		Grafiker	
Layout-Freigabe	10.09.	Inhaber Müller		
Layout-Erstellung	bis 05.09.		Grafiker	
Textfreigabe	22.08.	Müller	Meier	
Texte an Kunden	15.08.		Meier	
Texterstellung	bis 14.08.		Meier	
Vorlage aller Informationen	bis 31.07.	Müller		
Freigabe Themenplan	15.07.	Müller	Meier	
Erstellung Themenplan	11.07.	Müller	Meier	
Redaktionssitzung	09.07.	Müller	Meier, Fotograf Schmitz, Grafiker	

Tabelle 3.2 Terminplan für die erste Ausgabe von *LebensArt*

Die Suche nach Themen ist nicht immer so einfach wie bei diesem fiktiven Beispiel. Dies gilt vor allem, wenn der Herausgeber einen großen Leserkreis mit unterschiedlichen Interessen abdecken will oder seinen Leser nicht gut kennt. Hier ist Ideenreichtum gefragt. Microsoft geht beispielsweise bei der Themenfindung einen ganz anderen Weg: Das Unternehmen bezieht seine Leser bei der Themenfindung und bei der Beurteilung fertig geschriebener und gestalteter Texte auf verschiedene Weise mit ein. Die Leser können auf einer dem Heft beigelegten oder abgedruckten Karte Wünsche äußern, die in den Themenplan einfließen. Dieser wird per Fax einer ausgewählten Kundengruppe zugestellt und anschließend korrigiert. Fünf bis sechs Beiträge werden, nachdem sie geschrieben und gestaltet wurden, einem weiteren Kundenkreis vorgelegt. Die Anregungen werden gerne aufgenommen – ebenso der Button mit der Aufschrift „mehr" neben vielen Texten, der auf weitere Informationen im Internet hinweist.

Ein immer wieder ungern gehörtes Argument gegen einen verbindlichen Themenplan ist der Hinweis, dass die Zeitschrift bei diesem zeitlichen Vorlauf überholt sei, bevor sie aus der Druckerei kommt. Das ist in den meisten Fällen unsinnig – schließlich bestimmen Unternehmen ihre Strategie nicht jede Woche neu, sondern planen sie im Voraus. Dies gilt auch für neue Produkte, Serviceangebote, Preiserhöhungen und anderes. Auch Trends ergeben sich nicht von heute auf morgen, Messebeteiligungen werden langfristig geplant und, und, und ... Natürlich gibt es immer mal wieder ein topaktuelles Thema, das in einer bestimmten Ausgabe berücksichtigt werden sollte, weil es drei Monate danach niemanden mehr vom Hocker reißt. Das heißt aber nicht, dass es grundsätzlich keinen Themenplan geben sollte, sondern nur, dass er eventuell bei der einen oder anderen Ausgabe angepasst oder erweitert werden muss.

Gibt es regelmäßig aktuelle Themen, die berücksichtigt werden sollen, planen Sie einfach eine eigene Rubrik dafür ein. Nachdem alle anderen Beiträge geschrieben sind, kann sich der Redakteur an die Texte für diese Rubrik begeben und so aktuell reagieren.

Reportage, Interview oder Feature? – Textformen und Leseransprache

Dass junge Leser anders angesprochen werden sollten als Senioren, versteht sich von selbst. Dennoch gehen Texte schon mal haarscharf an der Zielgruppe vorbei. Ein paar Regeln für die Leseransprache vermeiden dies im Vorfeld.

Dazu gehört beispielsweise, ob die Leser im Text direkt mit „du" oder „Sie" angesprochen werden oder ob dies nur bestimmten Rubriken vorbehalten bleibt. Diese Frage hängt von der Art der Beiträge ab – sobald Leser zum Handeln aufgefordert werden, bietet sich eine direkte Ansprache an. Bei Reportagen und Porträts, die zur Unterhaltung dienen, dürfte sich die persönliche Ansprache hingegen schwierig gestalten. Bedacht werden sollte auch der Einsatz von Fremdwörtern und Fachausdrücken und die zielgruppengerechte Sprache.

Um die Leser zu erreichen, stehen verschiedene Textformen zur Verfügung, die je nach Thema und Zielrichtung ausgewählt werden sollten. Dazu gehören Nachricht, Bericht, Reportage, Porträt, Interview und Feature.

Nachricht, Meldung und Bericht

Nachrichten und Meldungen zeichnen sich dadurch aus, dass sie kurz, sachlich und informativ sind. Informationen, die keinen oder nur wenig Bezug zum Geschehen haben, werden weggelassen, ebenso eine Bewertung durch den Texter.

Nachrichten geben prägnante Antworten auf die Fragen Was?, Wer?, Wann? und Wo? Welche dieser Fragen zuerst beantwortet wird, ist dabei unerheblich und richtet sich mehr danach, wie Sie den Leser in den Text ziehen möchten.

Kommt die Antwort auf die Frage Warum? hinzu, handelt es sich um einen Bericht. Dieser ist naturgemäß länger als die Nachricht und beschäftigt sich mit Hintergründen. Im Gegensatz zu der reinen Nachricht kann der

Bericht eine Unterzeile oder einen Vorspann haben. Dieser bietet dem Leser eine kurze Zusammenfassung des Textes, eine Unterzeile begnügt sich mit der sachlichen Information.

Reportage und Porträt

Anders der Vorspann bei einer Reportage: Er bietet den Einstieg in den Text, der in diesem Fall nicht sachlich-nüchtern, sondern subjektiv geschrieben ist. Reportagen sind außerdem erzählend, sinnlich, konkret und stellen ein Gesamtbild dar. Dazu muss der Journalist neben der Gabe des Erzählens auch die der Beobachtung haben. Dabei berichtet er nur über das, was er selbst gesehen, gefühlt oder gedacht hat – Hintergrundinformationen und andere objektive Fakten haben in einer Reportage keinen Platz. Da nicht immer darauf verzichtet werden kann, bieten sich Info-Kästen an, in denen Tatsachen gesammelt und als Aufzählung, kurzer Text oder Grafik wiedergegeben werden.

Mit der Reportage eng verwandt ist das Porträt, bei dem nicht das Geschehen, sondern ein einzelner Mensch im Vordergrund steht. Bei Kunden- und Mitarbeiterzeitschriften sind Porträts sehr beliebt, um einzelne Mitarbeiter vorzustellen. Durch diese recht persönliche Darstellung kann die Bindung zum Unternehmen stark gefördert werden – schließlich weiß der Kunde nun, wen er bei der nächsten Reklamation am Telefon hat, und vergibt ihm seine schlechte Laune schon mal eher.

Interview, Gespräch und Feature

Beliebt sind auch Interviews, die leider sehr oft zu Monologen ausarten. Dagegen helfen gute Vorbereitung und engagiertes Eingreifen zur richtigen Zeit. Der Verlauf eines Interviews hängt entscheidend davon ab, ob offene oder geschlossene Fragen gestellt werden. Letztere lassen den Gesprächsfluss schnell stocken, da sie mit „Ja", „Nein" oder „Weiß nicht" beantwortet werden können. Gefragt sind Formulierungen, die solche Antworten ausschließen, beispielsweise: „Wie haben Sie die Premiere erlebt?"; oder „Warum sind Sie gegen den Bau der Tiefgarage?" Vielredner lassen sich mit geschickt platzierten Nachfragen unterbrechen. Der Hinweis „Genau dazu habe ich eine Frage" kann die Situation retten, ohne unhöflich zu wirken.

Etwas lebhafter sind Gespräche, die mit zwei oder drei Gesprächspartnern geführt werden. Sie haben den Vorteil, dass sich die Gesprächspartner untereinander Bälle zuwerfen können. Durch die für viele angenehmere Atmosphäre ist die Stimmung vertrauter und lockerer. Das ist gerade bei einem ungeübten Gegenüber von Vorteil. Auch Vielredner können in einem Gespräch durch das lebhaftere Klima besser gestoppt werden.

Als Feature – nach Wolf Schneider ein „schillerndes Allerweltswort für interessante, lebendige Texte"[8] – werden gerne die Texte bezeichnet, die nicht in die üblichen Schubladen passen und Themen aus unterschiedlichen Perspektiven beleuchten. Hintergrundinformationen werden in den Text integriert. Features sind pyramidenförmig aufgebaut. Ausgehend von der aktuellen Situation, die ihren Platz im Vorspann als einleitendes Element findet, wird das Thema immer breiter behandelt.

Allen Textformen ist eines gemeinsam: Kurze, unverschachtelte Texte und aktive Formulierungen laden zum Lesen ein, Satzkonstruktionen wie bei Thomas Mann schrecken eher ab. Je einfacher und leichter der Leser dem Textfluss und dem Textinhalt folgen kann, umso eher wird er den Beitrag auch zu Ende lesen.

Wie fange ich nur an?

Aller Anfang ist schwer – das gilt auch für Texte, ganz gleich, ob sich der Autor das Thema selbst ausgesucht oder vorgegeben bekommen hat. Zunächst steht die Frage „Was will ich meinem Leser mit dem Beitrag sagen?"

---

[8] Schneider, Wolf: Handbuch des Journalismus

im Vordergrund. Ist das geklärt, folgt die – manchmal schwierigere – Frage: „Wie fange ich an?"

Zum Glück gibt es Themen, die von allein Geschichten erzählen oder bei denen sich ein guter Textanfang einfach aufdrängt. Das kann der Start eines neuen Unternehmens sein, die Beschreibung einer Person oder einer Atmosphäre am Anfang einer Reportage oder die Nennung neuer Zahlen oder Fakten. Gibt es diese Aufhänger nicht, weil beispielsweise ein allgemeines Hintergrundthema erneut behandelt wird, ist Kreativität gefragt.

Der Textanfang hat die Aufgabe, den Leser neugierig zu machen und in den Text zu ziehen. Bei Reportagen bildet er oft die Weiterführung des Vorspanns, was die Aufgabe nicht immer leichter macht. Oft genug springen die Leser direkt von der Überschrift in den ersten Absatz, um den Beitrag erst einmal anzulesen und dann zu entscheiden, ob der Text – jetzt oder später – gelesen wird.

Genau in dieser Überlegung liegt oft die Lösung des Problems: Betonen Sie am Anfang den Aspekt des Textes, der für den Leser interessant ist. Bietet sich kein konkreter Aufhänger an, können Sie bei Reportagen oder Porträts mit einem Zitat arbeiten. Bei Hintergrundberichten und Features bieten sich allgemeine Zahlen oder Entwicklungen für eine bestimmte Branche an, die als Ausgangspunkt genommen werden und dann auf das eigentliche Thema heruntergebrochen werden. Geht es um bestimmte Produkte, bieten sich Anwendungsbeispiele an. „Ob Waschmittel, Reinigungskonzentrat oder Kosmetik ..." beginnt beispielsweise ein Text über eine umweltfreundliche Mehrwegverpackung.

Ist der Anfang erst einmal geschafft, schreibt sich der restliche Text (fast) wie von selbst, da der rote Faden erfolgreich angelegt wurde. Je genauer Sie wissen, welche Inhalte oder Ideen vermittelt werden sollen, umso leichter fällt das Schreiben. Statt sich am Schreibtisch zu quälen, bietet es sich deshalb an, ab und an eine kleine Pause zu machen und das Thema im Kopf hin und her zu bewegen.

Dieser kleine Trick hilft auch bei komplexen oder auf den ersten Blick sehr komplizierten Themen, die Sie allgemein verständlich auf das Papier bringen sollen. Kommen Sie allein nicht weiter, erklären oder erzählen Sie einem Kollegen oder Bekannten das Thema, über das Sie schreiben möchten. Im Gespräch rekapitulieren Sie nicht nur das Gelernte, Sie sortieren es auch unwillkürlich so, dass es für den Zuhörer verständlich wird. Überflüssiges wird im Gespräch schnell aussortiert, der rote Faden gefunden und Fragen decken eventuelle Verständnislücken auf.

Ist der Text fertig gestellt, gilt es zu überprüfen, ob er alle wichtigen Inhalte enthält. Geben Sie den Beitrag einem Kollegen zum Gegenlesen. Fragen Sie ihn, ob er alles verstanden hat und ob ihm Informationen fehlen. Arbeiten Sie allein, sollten Sie den Text ein oder zwei Stunden liegen lassen und sich mit anderen Aufgaben befassen. Dieser zeitliche Abstand ist nötig, um zwischen dem zu unterscheiden, was Sie sagen beziehungsweise schreiben wollten, und dem, was der Text objektiv an Aussage und Information enthält.

Die Überschrift

Manch guter Texter sitzt an der Überschrift länger als am gesamten Beitrag. Kurz, knackig, informativ und interessant soll sie sein, Neugier wecken, aber nichts verfälschen. Der Großteil der Leser entscheidet sich allein aufgrund der Überschriften dafür, den Text zu lesen oder zu überblättern. Mit anderen Worten: Schlechte Überschriften können die gesamte Arbeit zunichte machen.

Ein Blick in den Hohlspiegel, auf der letzten Seite des Nachrichtenmagazins *Der Spiegel*, zeigt regelmäßig, wie sehr der Autor beim Formulieren der Überschrift danebenliegen kann. Unfreiwillige Komik, falsche oder verfälschte Zusammenhänge kommen öfter vor, als man glaubt. Leider gehören Überschriften zu den Textteilen, die am schlechtesten Korrektur gelesen werden, sodass unlogische Satzbauten oft zu spät auffallen.

Viele Fehler entstehen dadurch, dass die Überschrift einfach zu lang getextet wurde und bei der Seitengestaltung gekürzt werden musste. Deshalb sollten Texter schon bei der Formulierung das Layout berücksichtigen und sich so knapp wie möglich fassen. Auch wenn Zeitschriften mehr Platz bieten als Tageszeitungen, steht der Überschrift nur ein bestimmtes Platzangebot zur Verfügung. Selbst wenn sie nicht gekürzt werden muss, kann sie aus gestalterischen Gründen zu lang sein: Ein Umbruch an irritierender oder verfälschender Stelle ist nicht nur ärgerlich, sondern leserunfreundlich. Läuft eine Überschrift über mehrere Zeilen, sollte der mögliche Zeilenumbruch deshalb schon beim Texten mitbedacht werden.

Bildunterschriften

Gern vernachlässigt werden die Bildunterschriften – vor allem dann, wenn der Redakteur nicht eng mit der Grafik zusammenarbeitet und vielleicht gar nicht weiß, wie die Seite illustriert wird. Die Mindestaussage der Bildunterschrift besteht in der Information, wer oder was zu sehen ist. Personen werden mit Titel, Vor- und Nachnamen und Funktion genannt. Werden größere Gruppen abgebildet, sodass die Bildunterschrift durch die Nennung aller Namen unverhältnismäßig lang wird, so werden die ein oder zwei wichtigsten Personen namentlich genannt, die anderen Personen werden in ihrer Funktion beschrieben. Eine solche Bildunterschrift könnte etwa lauten: „Geschäftsführer Arnold Maier (links) und Abteilungsleiter Fred Müller (rechts) begrüßten am Mittwoch die zehn neuen Auszubildenden der Firma Maier-Schmidt."

Gut gemachte Bildunterschriften erzählen mehr, als im Bild zu sehen ist. Sie beschreiben die Kernaussage des Bildes so, dass der Leser versteht, warum dieses Motiv ausgewählt wurde. Und das selbst dann, wenn eventuell gar kein anderes Bild zur Verfügung stand.

Auch Fotografen leben vom Verkaufen, und sie haben Urheberrechte an ihren Bildern. Werden die Rechte an den Bildern nur für diese Auflage eingekauft, muss in der Zeitschrift ein Bildnachweis stehen. Dies kann direkt am Foto oder im Impressum geschehen. Liegen alle Rechte an den Bildern beim Unternehmen, wird dies beim Copyright-Vermerk im Impressum angegeben.

Gleiches gilt für Illustrationen jeglicher Art – es sei denn, sie sind Auftragsarbeiten, bei denen vereinbart wurde, dass der Auftraggeber alle Rechte erhält. Das einfache Übernehmen von Zeichnungen, Grafiken und Karikaturen ist mit Vorsicht zu genießen. Nicht zuletzt, weil es teuer werden kann. Wurden ungefragt Bilder und Illustrationen abgedruckt, kann nach Erscheinen durchaus eine Rechnung ins Haus flattern.

Briefing und Texterstellung

Jeder Text hat eine bestimmte Aussage. Für den Redakteur ist es deshalb wichtig zu wissen, was Sie mit dem Text erreichen möchten. Geben Sie ihm ein genaues Briefing! Welche Zielgruppe möchten Sie ansprechen, welche Informationen müssen unbedingt rein, was sollte auf keinen Fall erwähnt werden (ist aber für den Journalisten als Hintergrundinfo wichtig), wer ist Ansprechpartner im Unternehmen, welches Bildmaterial gibt es bereits/welches muss organisiert werden und wie lang soll der Beitrag werden (Zahl der Anschläge)? Vor allem aber: Was möchten Sie mit dem Text erreichen? Je besser das Briefing, desto besser wird das Ergebnis und desto weniger Schwierigkeiten bei der Abstimmung sind zu erwarten. Geben Sie für die Texterstellung klare Termine vor. Sollten Sie den Eindruck haben, dass der zuständige Redakteur nicht verstanden hat, worauf Sie hinauswollen, fragen Sie nach. Hören Sie zu, wenn er Bedenken hat – im Idealfall ist er kein einfacher Dienstleister, sondern Ihr Berater! Und im Zweifelsfall hat er bei der Themenwahl und der Texterstellung mehr Erfahrung als Sie und kann Inhalte und gewünschte Aussagen von einem neutraleren Blickwinkel als Sie beurteilen.

Die Abstimmung

Sind die Texte erstellt, gehen sie zur Abstimmung an den Ansprechpartner im Unternehmen. Er prüft, ob der Inhalt wie beabsichtigt kommuniziert wird, ob der Beitrag mit dem Image des Unternehmens übereinstimmt, wichtige Formulierungen eingehalten wurden und ob der Text sachlich korrekt ist. Natürlich müssen Sie sich darauf verlassen können, dass der Texter recherchiert hat und keine Luftblasen fabriziert. Dennoch kann es – gerade wenn es um Zahlen und Informationen aus Ihrem Unternehmen geht – immer einmal vorkommen, dass er nicht den aktuellen Stand zur Verfügung hatte oder dass sich seit der Recherche etwas geändert hat. Sollte es um sehr spezifische Themen gehen, kann es deshalb nicht schaden, wenn auch die Fachabteilung noch einmal einen Blick auf den Text wirft.

Geschrieben wird bei Profis „auf Zeile". Dahinter versteckt sich nichts anderes als eine kleine Rechenübung, die meist das Textverarbeitungsprogramm übernimmt. Aus dem festgelegten Layout, der Spaltenzahl, Schriftgröße und dem Zeilenabstand ergibt sich eine bestimmte Zeichenzahl, die auf einer gestalteten Seite Platz findet. Da die Textlänge in ganzen, halben oder Viertelseiten festgelegt wird, kann sie mit einer genauen Zeichenanzahl definiert und so das Risiko, dass der Text zu lang oder kurz wird, minimiert werden.

Da die Computerprogramme das einfache Kopieren von Texten in verschiedene Software ermöglichen, funktioniert das Prinzip, wenn nötig, auch in Gegenrichtung: Der Text wird markiert, kopiert und in das Textverarbeitungsprogramm eingefügt. Alles andere übernimmt der Computer – bei Word beispielsweise unter dem Menüpunkt „Extras/Wörter zählen".[9]

Für die Abstimmung haben sich die so genannten Manuskript-Seiten

---

[9] Aus langjähriger Erfahrung weiß ich, dass diese schlichte Tatsache wenigen Grafikern bewusst ist – sie ärgern sich zwar über zu kurze oder lange Sätze, denken aber oft nicht darüber nach, was sie dagegen tun können. Oder reagieren hilflos, wenn sie um die genaue Anzahl der Zeichen für die gewünschte Textlänge gebeten werden.

bewährt, nach denen auch abgerechnet wird. Eine solche Seite besteht aus 30 Zeilen à 60 Anschlägen. Geschrieben wird meist in einer Zwölf-Punkt-Schrift und mit einem Zeilenabstand von 1,5 Zeilen. Um das Korrekturverfahren zu vereinfachen, werden die Zeilen durchnummeriert – Computerprogramme wie Word machen dies von allein. Ein weiterer Pluspunkt sind die Einträge in den Kopf- und Fußzeilen. Hier kann nicht nur der Pfad des abgespeicherten Dokuments angegeben werden, sondern auch Textfassung, Datum, Seitenzahl und die Kontaktdaten des Journalisten. Dies ist nicht nur kundenfreundlich – es dient auch als Argumentationsbasis bei der späteren Rechnungsstellung.

Durch die Verbreitung des Internets ist auch die Abstimmung der Texte einfacher geworden. Statt die Texte wie bisher per Post oder Fax zum Kunden zu schicken, wird der Versand per E-Mail immer selbstverständlicher – zumindest in eine Richtung. Je nachdem, wie aufgeschlossen der Auftraggeber ist, bekommt der Texter den Beitrag mit handgeschriebenen Korrekturen oder als überarbeitetes Word-Dokument zurück. In diesem Fall bietet sich die Funktion „Änderungen verfolgen" an, die ebenfalls von Word angeboten wird. Mit dieser Funktion, die sich unter dem Menüpunkt „Extras" verbirgt, werden alle Modifikationen optisch hervorgehoben. Auch wenn der Texter alle Änderungen übernimmt, ist dieses Vorgehen sinnvoll. Fachausdrücke, ungewollte Formulierungen und so weiter können sich so eher einprägen und gestalten die Zusammenarbeit auf Dauer fruchtbarer.

Natürlich kommt es auch vor, dass Auftraggeber die Texte im Dokument ändern, ohne die Funktion „Änderungen verfolgen" zu kennen. Auch in diesem Fall hilft Word weiter: Ebenfalls unter dem Menü „Extra/Änderungen verfolgen" finden Sie die Option „Dokumente vergleichen". Wählen Sie als Vergleichsdokument den zur Abstimmung geschickten Text – und Word zeigt Ihnen automatisch alle geänderten Stellen an. Spätestens wenn Änderungen nachgeschickt werden, obwohl die Grafik bereits am Layout arbeitet, werden Sie diese Funktion lieben. Statt den Text Wort für Wort zu vergleichen, können Sie gezielt einzelne Stellen ändern.

Schwierig wird es, wenn Korrekturen telefonisch durchgegeben werden. In diesen Fällen kommt es nicht nur leicht zu Missverständnissen, viele Auftraggeber überdenken ihre Korrekturen erneut beim lauten Lesen. Irgendwann weiß niemand mehr genau, was geändert werden sollte und was nicht. Weiterer Nachteil: Der Griff zum Telefonhörer erfolgt gern im Fünf-Minuten-Takt, weil ein Geistesblitz den nächsten jagt. Konzentriertes Arbeiten ist so unmöglich.

Besondere Aufmerksamkeit haben die wörtlichen Zitate verdient – gleichgültig, ob sie genau so gefallen oder jemandem geschickt in den Mund gelegt worden sind. Für jede Äußerung brauchen Sie eine Freigabe des Zitierten. Auch hier können einfache Checklisten dabei helfen, den Überblick nicht zu verlieren.

Wenn alle Zahlen und Daten stimmen und der Text freigegeben wurde, geht er in die Grafik zur Gestaltung. Auch wenn es sich um eine Zeitschrift mit relativ geringem Umfang handelt, sollten Sie der Versuchung widerstehen, die Texte erst im Layout zu lesen. Solche Wünsche machen die Produktion einer Zeitschrift teuer und gestaltet die Arbeit für alle Beteiligten nervenaufreibend. Natürlich ist es schön, wenn das Zusammenspiel von Text und Bild betrachtet werden kann – im ersten Schritt muss dafür allerdings die eigene Fantasie ausreichen. Alternativ können Sie sich die Bildmotive, die zur Illustration dienen sollen, in kleiner Auflösung mitschicken lassen. Dies bietet sich vor allem dann an, wenn die Bildunterschriften exakt zu den Fotos getextet werden müssen.

Der Hintergrund für die Trennung von Text- und Layoutabstimmung ist einfach, wenn auch nicht immer für alle einleuchtend: Wird eine gesamte Seite gestaltet, fallen neben der Texterstellung bereits Kosten für die Grafik an. Der Alltag als Redakteurin zeigt oft genug, dass Texte im letzten Moment geschoben oder stark gekürzt werden, andere ins Heft genommen oder um einige Aspekte erweitert werden. Die Folgen: Noch mehr Kosten für die Grafik durch Textänderungen, die im Layout komplizierter durchzuführen sind als im Textverarbeitungsprogramm, und eine – zum Teil komplett – neue Seitengestaltung. Denn leider lassen sich Bilder, die mit einer bestimmten Größe eingescannt sind, nicht einfach um das Doppelte vergrößern.

Das Lektorat

Normalerweise werden die Texte, bis sie im Layout gesetzt sind, von mehreren Beteiligten gelesen. Rein theoretisch sollten damit alle Fehler ausgemerzt sein – behaupten zumindest jene, die die Zeit oder das Geld für ein professionelles Lektorat einsparen wollen.

Der Ärger ist damit vorprogrammiert, denn beim Lektorat fallen nicht nur falsche Trennungen und unlogische Textübergänge oder Bildunterschriften auf. Oftmals geht beim Gestalten der Seiten auch Text verloren, weil der Grafiker aus der Konzentration herausgerissen wurde oder sich diese Aufgabe „für später" aufhebt und dann doch wieder alles in der Alltagshektik untergeht. Auch sonst gibt es eine Vielzahl von Fehlerquellen, die jeder kennt, der seine eigenen Texte schon einmal Korrektur gelesen hat oder nach mehrfachem Lesen eines Textes einfach keine Fehler mehr findet. Fachbegriffe werden unterschiedlich geschrieben, Eigennamen unkorrekt wiedergegeben oder einfach mal Personen neu benannt. Hinzu kommen Unsicherheiten bei der neuen und alten Rechtschreibung und ein ständig klingelndes Telefon, sodass Sie hinterher nicht mehr wissen, welchen Satzteil Sie bereits gelesen haben. Beliebt sind auch unterschiedliche An- und Abführungszeichen, einfache Bindestriche statt Gedankenstriche, fehlerhafte Internetadressen und Telefon- bzw. Faxnummern und, und, und ...

Ein weiterer, entscheidender Grund für ein professionelles Lektorat: Sie haben damit einen ersten Leser, der völlig unvoreingenommen an den Text herangeht und Ihnen auch inhaltlich ein Feedback geben kann. Machen die Texte Sinn, bleiben Fragen offen oder wirken sie wie eine einzige Werbeveranstaltung? Fehlende Quellenangaben oder ein verwirrender Satzbau können jetzt noch behoben werden. Im Gegensatz zu Ihnen weiß das Lektorat nicht, was da stehen soll, sondern nimmt nur wahr, was wirklich auf dem

Papier steht – und zwar so, wie es später beim Leser ankommt. Missverständliche oder unfreiwillig komische Formulierungen, die Sie oder der Redakteur als Insider gar nicht bemerken, fallen dem Lektorat durch den neutralen Blickwinkel auf.

Hat das Lektorat genug Zeit und einen grafischen Blick, können auch Ungereimtheiten im Zusammenspiel von Textinhalt und grafischer Gestaltung vermieden oder zumindest minimiert werden. Die Leserführung wird einem ersten Test unterzogen und die Bildunterschriften auf ihren Aussagegehalt hin überprüft. Gerade sie sind anfällig für Fehler oder sinnlose Texte, da sie oft in letzter Minute geschrieben und dem Platzangebot angepasst werden.

Lektoren machen sich in aller Regel bezahlt – allein schon, weil sie nicht die Welt kosten, dafür aber viel Ärger vermeiden können. Natürlich kann auch ein interner Mitarbeiter mit dieser Aufgabe betraut werden – allerdings hat er nicht den Blick von außen und vielleicht auch nicht den grafischen Blick, der oft weiterhelfen kann.

Immer mehr Lektoren bieten ihre Arbeit als Freelancer an. Kennen Sie niemanden, den Sie mit der Aufgabe betreuen möchten, hilft – wie so oft – ein Blick ins Internet, beispielsweise unter www.lektorat.de. Unter dieser Adresse haben sich freie Lektoren eingetragen. Agenturen, Verlage oder Unternehmen können sich die Anbieter nach Orten und anderen Suchkriterien anzeigen lassen.

Die Druckfreigabe

Die Bitte um schriftliche Druckfreigabe ist kein Ausdruck des Misstrauens, sondern ein ganz normaler geschäftlicher Vorgang, der beide Seiten absichert. Wichtig wird diese Bitte vor allem dann, wenn Korrekturen telefonisch durchgegeben werden und sich die Zusammenarbeit noch nicht eingespielt hat. Wer was wann gesagt oder nicht gesagt hat, ist nach einigen Gespräch nicht mehr nachvollziehbar.

Wenn Korrekturen am Telefon mitgeschrieben werden, empfiehlt es sich, auf dem Ausdruck das Datum und den Ansprechpartner zu vermerken. Auch die Angabe der Uhrzeit kann nicht schaden – vor allem dann, wenn es mehrere Korrekturgänge an einem Tag gibt.

Alle Korrekturen sollten eine Weile aufbewahrt werden, um sich für den Fall der Fälle zu wappnen. Gab es Missverständnisse, wurden Korrekturen aufgenommen, aber nicht ausgeführt oder hat der Kunde den enthaltenen – sachlichen – Fehler schlicht überlesen?

Neben den einfachen Rechtschreibfehlern und der Nennung falscher Namen kann es auch wettbewerbsrechtlich relevante Fehler geben. Diese können im wahrsten Sinne des Wortes teuer werden – sei es durch eine nachgeschobene Richtigstellung oder durch das Einstampfen des Heftes.

Druckfreigaben helfen den Beteiligten deshalb in zweierlei Hinsicht: Der Auftraggeber wird, bevor er sein Okay unter den Ausdruck setzt, die Umsetzung seiner Korrekturen prüfen, sodass Missverständnisse – und daraus resultierende neue Fehler – vermieden werden. Beim Dienstleister hingegen herrscht Gewissheit, dass der Inhalt und die Umsetzung so vom Kunden gesehen, gelesen und freigegeben wurde, dass es zu keiner Reklamation kommen dürfte.

Wenn es um mehr als Rechtschreibung und Grammatik geht, der Kunde aber nur eine mündliche Freigabe erteilt, hilft ein kleiner Trick: Bestätigen Sie ihm seine mündliche Aussage schriftlich, beispielsweise mit einem Dankeschön:

Guten Tag, Herr Müller,
vielen Dank für Ihre Freigabe der Kundenzeitschrift, die wir nun in der Ihnen vorliegenden Form an die Druckerei schicken werden.
Die Auslieferung erfolgt in etwa sieben Tagen.
Mit freundlichen Grüßen

Florian Meier

Sollte es sich bei der Druckfreigabe um ein Missverständnis gehandelt haben, hat Herr Müller nun noch Zeit für eine Richtigstellung. Selbst dann, wenn er die E-Mail, das Fax oder den Brief erst am nächsten Tag erhält.

3.2 Der erste Blick zählt: Grafik und Layout

Kundenzeitschriften sind Bestandteil des Marketingmix und sollten sich auch optisch dort einordnen lassen, ohne den Absender zu sehr zu betonen. Die Deutsche Post ist beispielsweise durch die Verwendung der Unter-

Abbildung 3.1 Die Deutsche Post setzt bei *LetterMag* auf zielgruppengerechte Gestaltung, nicht auf das Corporate Design. Der Absender rückt in den Hintergrund und ist – in der im Original vierfarbig gedruckten Zeitschrift – nur am gelb-schwarzen Kasten oben auf der Seite zu erkennen. Dieses grafische Merkmal ist Bestandteil des Corporate Designs und wird auch bei Produktbroschüren, Flyern u. a. eingesetzt.

nehmensfarbe bei all ihren Kundenzeitschriften leicht als Absender zu identifizieren – unabhängig von der Zielgruppe.

Mit der Forderung nach Wiedererkennung ist jedoch nur die grobe Richtung vorgegeben. Im Gegensatz zu Produktbroschüren, Flyern oder anderen Printmedien muss das Corporate Design bei Kundenzeitschriften nicht haargenau eingehalten werden. Immerhin handelt es sich nicht um klassische Werbung, sondern um Information mit Unterhaltungswert. Und dies soll sich auch in der Gestaltung widerspiegeln. „Die meisten Kundenzeitschriften versuchen, ein weiterer Bestandteil des CD/CI zu sein, was die meisten auch gut hinbekommen. Leider oft zulasten der Gestaltung, die zu seriös wirkt. Mehr Mut beim Layout, eine andere, interessantere, ungewöhnlichere, packendere Aufmachung als bei Kauftiteln könnte das Reinlesen beschleunigen", beurteilt Astrid Groborsch, Grafikerin und Inhaberin der Agentur neo design consulting in Bonn, das aktuelle Angebot.

Wie viel Spielraum bleibt, sollte bereits vor der Erstellung des ersten Layouts formuliert werden. In welchen Punkten soll das Corporate Design unbedingt eingehalten, wo kann es vernachlässigt werden? Können neben

Abbildung 3.2 Auf Hinweise zum Absender verzichtet die Zeitschrift *Häuser heute* bei der Gestaltung der Innenseite komplett. Hier stehen ein ansprechendes Layout und Information im Vordergrund.

der Hausschrift weitere Schriftarten eingesetzt werden, um mehr Spannung zu erzeugen? Wird das Heft vierfarbig gedruckt oder wird nur die Sonderfarbe eingesetzt? Oder soll es – damit die Hausfarbe nicht leidet – sogar fünf- oder sechsfarbig gedruckt werden? Je mehr Angaben der Grafiker hat, umso passender kann er das Magazin gestalten. Und passen soll es – Sie möchten ja zumindest unauffällig als Absender erkannt werden.

Das Format: Lang und dünn oder lieber kurz und dick?

Neben Schrift und Farbe ist das Format eine der wesentlichen Komponenten für den grafischen Auftritt. Auch wenn der Begriff Zeitschrift oder Magazin instinktiv mit einem ungefähren DIN-A4-Format in Verbindung gebracht wird, stehen Ihnen hier sehr viel mehr Möglichkeiten zur Verfügung. Stellen Sie ungewöhnliche Produkte und Leistungen ruhig in einem ungewöhnlichen Format vor!

Geht es um aktuelle Informationen, können Sie dies beispielsweise durch ein Zeitungsformat visualisieren. Hier haben sich drei Formate durchgesetzt: das Nordische Format tritt mit 40 cm x 57 cm selbstbewusst auf. Das Rheinische Format bietet immerhin auf 37 cm x 53 cm Platz für Aktuelles und das Berliner Format gilt mit 32 cm x 47 cm als U-Bahn-tauglich. Bei Unternehmen beliebt sind auch DIN-A3-Formate, die beim Lesen allerdings den Schreibtisch komplett einnehmen. Die gemütliche Lektüre zu Hause wird damit erschwert.

Bei Zeitschriften werden gern alle Möglichkeiten des DIN-A4-Formates ausgenutzt. Mit seinen 21 cm x 29,7 cm kann man zwar nicht viel falsch machen, eine auffällige Erscheinung wird damit jedoch erschwert. Individueller ist das „echte Magazinformat", das auch von *Spiegel*-Lesern geschätzt wird. Mit seinen 21 cm x 28 cm ist es nicht viel kleiner als DIN A4, bietet aber neben der Handlichkeit den entscheidenden Vorteil, dass sich die meisten Anzeigenkunden auf dieses Format eingestellt haben.

Wer es etwas größer mag, kann sich auf 22,5 cm x 29,7 cm tummeln.

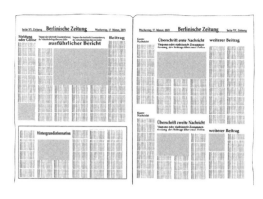

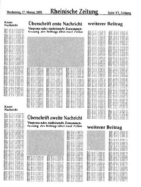

Abbildung 3.3 Formatbeispiele

Bei diesen Maßen wirkt ein vierspaltiger Umbruch schöner und großzügiger als bei einem echten Magazinformat, bei dem ein dreispaltiger Umbruch vorgezogen werden sollte.

Ohne den Druckpreis durch Papierverschwendung in die Höhe zu treiben, ist ein Format von 24 cm x 34 cm realisierbar. In diesem Fall passen bei einem Papierbogen mit den Maßen 70 cm x 100 cm genau 16 Seiten auf einen Druckbogen. Zum Vergleich: Bei einem Format von 17 cm x 24 cm, das sich allerdings eher für Broschüren als für Zeitschriften eignet, passen 32 Seiten auf einen Druckbogen.

Wenn Sie unsicher sind, mit welchem Format Sie Ihre Leser am besten erreichen, können Sie es einfach innerhalb Ihres Unternehmens ausprobieren. Lassen Sie sich zwei Doppelseiten mit Blindtext in den für Sie infrage kommenden Formaten gestalten und auf Format schneiden beziehungsweise kleben. Zeigen Sie die Varianten Ihren Kollegen oder lassen Sie sie einfach eine Weile auf Ihrem Schreibtisch liegen und wirken. Reicht Ihnen diese Anmutung nicht aus und möchten Sie unterhalb des DIN-A4-Formates bleiben, greifen Sie einfach zur Schere oder Schneidemaschine.

Der Satzspiegel

Zeitschriften wirken unter anderem durch die bedruckte Fläche der Seiten, Satzspiegel genannt. Er stellt den Gestaltungsraum für Text und Bilder dar. Leider verwechseln viele, die das Thema Layout nur vom Textverarbeitungsprogramm her kennen, die leeren Flächen zwischen Texten – den Weißraum – mit Verschwendung und kommen in Versuchung, das Papier so weit wie möglich voll zu schreiben. In diesen Fällen wird Weißraum als Gestaltungselement nicht wahrgenommen; das Ergebnis sind eng bedruckte Bleiwüsten mit viel zu kleinen Schriften, die eher abschrecken als neugierig machen.

Eingerahmt wird der Satzspiegel von vier Randbereichen: Innensteg, Kopf- und Fußsteg sowie Außen- oder Seitensteg. Der Innen- oder Bundsteg

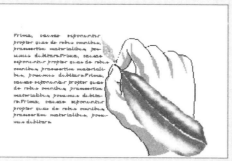

Abbildung 3.4 Der Satzspiegel bestimmt den Teil der Fläche, auf dem Text und Bilder untergebracht werden. Vom Auge wird er als Grau- bzw. Farbfläche wahrgenommen.

wird so bemessen, dass beim gehefteten und aufgeschlagenen Dokument die linke Satzkante nicht zu dicht am Heftrand sitzt. Allgemein gilt: Der Fußsteg ist größer als der Kopfsteg, der Kopfsteg größer als der Seiten- beziehungsweise Außensteg. Ein ansprechender, großzügiger Satzspiegel ergibt sich, wenn die Stege im Verhältnis 2:3:4:5 (Innensteg:Kopfsteg:Außensteg: Fußsteg) aufgeteilt werden. Damit nimmt der Satzspiegel 2/3 und die Stege 1/3 der Seitenbreite ein.

Im nächsten Schritt wird die Fläche des Satzspiegels in Textspalten aufgeteilt. Ob das Magazin zwei, drei oder gar vier Textspalten haben wird, hängt – wie alles bei der Zeitschriftengestaltung – von verschiedenen Faktoren ab. Gut lesbar ist Text in einer Spalte mit einer Breite von 40 mm bis 56 mm. Bei Zeitungen gilt ein oberer Grenzwert von 58 mm bis 60 mm, der untere Grenzwert liegt bei 45 mm. Keine unwesentliche Rolle bei der Lesefreundlichkeit spielt der Spaltenabstand. Als Faustregel gilt hier: Er sollte

Abbildung 3.5 Zwei, drei oder vier Textspalten? Probieren Sie am Computer verschiedene Varianten aus. Umsetzung: muelhaus & moers kommunikation, Köln

nicht kleiner als die Breite der beiden Buchstaben „mi" in der Grundschrift, auch „Brotschrift" genannt, sein. Ist der Spaltenabstand zu klein, wandert das Auge beim Lesen in die nebenstehende Spalte. Wird zur optischen Trennung der Spalten eine Linie eingesetzt, wird der Spaltenabstand geringfügig erhöht.

Auch außerhalb des Satzspiegels befinden sich Gestaltungselemente, zu denen die Rubrik, auch Kolumnentitel genannt, gehört. Rubriken stehen meist oben auf der Seite und dienen neben der reinen Information zur schnellen Orientierung beim Durchblättern des Magazins. Die Seitenzahl, auch Pagina genannt, kann unten oder am Seitenrand stehen. Die Gestaltung der Kolumnen kann auffällig sein und durchaus aus dem Rahmen fallen; allerdings sollten die Kolumnen nicht zu stark mit anderen grafischen Elementen auf der Seite konkurrieren. Seitenzahlen können beispielsweise in farbige Kreise, Dreiecke oder Quadrate gesetzt werden. Oder sie werden groß und in Grauwerten mittig am Seitenrand platziert. Einzelne Rubriken am Seitenanfang können mit Linien oder Farben abgesetzt werden oder im 90-Grad-Winkel stehen.

Bei Doppelseiten reicht es aus, wenn die Rubrik auf einer, nach Möglichkeit auf der rechten, Seite steht. Unterschieden wird zwischen „toten" und „lebendigen" Kolumnentiteln. Bei den „toten" befindet sich, abgesehen von der Seitenzahl, keine weitere Information, während „lebende" Kolumnen auf den Seiteninhalt Bezug nehmen. Die Rubrik kann in einer eigenen Schrift gestaltet werden. Wirkt die unternehmenseigene Schrift altertümlich, kommt sie nicht der Zielgruppe entgegen oder ist sie für längere Lesetexte nicht geeignet, kann sie beispielsweise in der Rubrik verwendet werden. Hier finden, wenn gewünscht, auch Firmenlogos Platz. Zwischen der Überschrift, die sich innerhalb des Satzspiegels befindet, und der Rubrik sollte sich 1,5 bis 2 cm Weißraum befinden. Elegant wirkende Zeitschriften verwenden ein großzügigeres Layout mit bis zu 3 cm Weißraum zwischen Rubrik und Head.

Wie viele Farben braucht eine Zeitschrift?

Vielleicht liegt es an der Bezeichnung Zeitschrift oder Magazin, dass zunächst gern an vierfarbig gestaltete Seiten gedacht wird, in denen mal Blau, mal Gelb oder Rot im Vordergrund steht – je nach Thema, Bildauswahl etc. Dies ist eine Möglichkeit, und durchaus eine gängige, um das Layout einer Zeitschrift zu gestalten.

Eine andere Variante ist, sich auf ein oder zwei Farben zu konzentrieren und durch den Einsatz von Sonderfarben die Herstellung kostengünstiger zu machen. Natürlich bietet sich hier zunächst die Unternehmensfarbe an, die gezielt eingesetzt wird.

Geschickt verwendet können Farben nicht nur bestimmte Gefühle und Assoziationen hervorrufen, sie können den Leser auch durch ein Heft führen. Fernsehzeitschriften nutzen unterschiedliche Farben beispielsweise gern für die verschiedenen Wochentage. Stammleser wissen so ohne langes Blättern, wo sie das Programm für den Mittwoch im Heft finden.

Dieses Prinzip lässt sich auch auf Rubriken oder Serviceangebote übertragen. Dabei sollte natürlich darauf geachtet werden, dass die eingesetzten Farben zueinander passen und die gewünschte Wirkung hervorrufen. Dabei gelten bei der Farbpsychologie ähnliche Spielregeln für die Gestaltung einer Zeitschrift wie bei dem Einrichten eines Wohnraums.

Zu den Grundfarben gehören Rot, Gelb und Blau, wobei Letztere bei Printmedien und Lesern sehr beliebt ist. Blau beruhigt und wirkt ausgleichend. Denken Sie an blaues Meer oder blauen Himmel, um sich von der Wirkung zu überzeugen. Überdies ist es eine elegante Farbe, die sich sehr gut für Duplex-Bilder, also zweifarbige Bilder, eignet. Rot gehört zu den warmen, aber auch aggressiven Farben, die für Aufmerksamkeit sorgen, und ist dementsprechend bei der Boulevardpresse sehr beliebt. In Wohnräumen steigern Rottöne den Blutdruck, wirken aktivierend und appetitanregend, weshalb sie verstärkt bei Restaurants als Wandfarbe eingesetzt werden. Gelb ist eine Signalfarbe, die vor allem im Frühling gern eingesetzt wird. Wird sie als

Hintergrund für schwarze Schrift verwendet, ist der Text sehr gut lesbar. Dies erklärt auch die Vorliebe vieler Büromenschen für gelbe Textmarker.

Aus den drei Grundfarben lässt sich – vor allem im Computerzeitalter – eine Vielzahl von Farben und Farbtönen mischen, die alle ihre eigene Wirkung haben. Grüntöne beispielsweise werden gern bei Naturkost- oder Öko-Zeitschriften eingesetzt, da mit ihnen auch eine inhaltliche Aussage verbunden wird. Abgesehen davon sind sie, ähnlich wie Gelb oder Orange, vor allem im Frühling beliebt. Weiß, wenn es auch eigentlich keine Farbe ist, schafft Aufmerksamkeit und Eleganz. Der viel beschworene Weißraum sollte deshalb bei der Gestaltung berücksichtigt werden.

Bei der Gestaltung mit Farben kann durch Kontraste Harmonie geschaffen werden. Wenn Sie sich unsicher sind, welche Farben miteinander kombiniert werden sollten und welche lieber nicht, können Sie sich den Farbkreis zu Hilfe nehmen. Wählen Sie Farben aus, die gegenüber liegen. Die gängigsten Kombinationen sind Grün und Rot, Blau und Orange, Gelb und Violett. Aber auch dazwischen bieten sich viele Farbtöne an. Pastelltöne passen sich durch den fehlenden starken Kontrast beispielsweise besser an und wirken oft harmonischer. Mit hellen Tönen wirken die Seiten nicht so schnell überladen, da die Farbtöne zurückhaltender wirken als Volltöne.

Trotz aller technischen Möglichkeiten heißt es Vorsicht beim Farbeinsatz. Das gilt vor allem dann, wenn nicht auf Sonderfarben zurückgegriffen wird. Viele Layout- und Grafikprogramme haben die Farbpaletten der Anbieter von Druckfarben gespeichert, die einfach und unkompliziert geladen werden können. Hierbei handelt es sich um die so genannten HKS- und Pantone-Farben, die gewissermaßen als Farbtöpfe für die Druckmaschinen von den Druckereien bezogen werden. Werden die Farben quasi selbst gemischt, sollte unbedingt darauf geachtet werden, dass es sich um CMYK-Farben handelt, da RGB-Farben nicht belichtet werden können. Die CMYK-Farben sind, ähnlich wie bei einem Farbmalkasten, aus den Grundfarben Cyan, Magenta, Gelb (Yellow) und Schwarz (Karbon) gemischte Farben. Dagegen werden die Farben für die Wiedergabe auf dem Bildschirm aus rotem, grünem und blau-

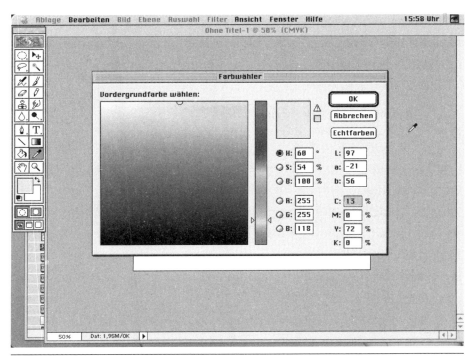

Abbildung 3.6 Lässt sich diese Farbe drucken? Das kleine, unscheinbare Warndreieck bei Photoshop warnt vor unliebsamen Überraschungen.

em Licht zusammengesetzt – daher „RGB". Aktivieren Sie den Modus „Vierfarbauszüge" im Layout- oder Grafikprogramm, um sicherzugehen, dass die Farbinformationen bei der Belichtung auf den vier Filmen angezeigt werden. Ansonsten kann es passieren, dass Sie für jeden Farbton einen eigenen Film erhalten.

Die Bildschirmdarstellung der Farben entspricht nicht unbedingt dem späteren Druckergebnis. Und dies aus zwei Gründen: Zum einen sind nicht alle Bildschirme kalibriert, geben also nicht die spätere Farbdarstellung wieder. Zum anderen sind nicht alle Farben, die Sie am Bildschirm entwerfen können, auch druckbar. Die Programme Photoshop und Illustrator haben dazu als Hinweis ein kleines Warndreieck, das immer dann aufleuchtet, wenn bei den Farbfeldern oder beim Farbregler ein Ton ausgewählt wird, der im Druck so nicht wiedergegeben werden kann. Leider gibt es dieses eingebaute Frühwarnsystem nicht bei allen Programmen, weshalb es bei den gedruckten Ergebnissen öfter mal zu Überraschungen kommen kann.

Gestalten mit Schriften

Wie Schriften wirken, hat jeder schon einmal am Computer erlebt. Grafiker – und solche, die es gerne wären – haben durch den Einsatz von Computern Zugriff auf eine Vielzahl unterschiedlichster Schriften. Mit den Variationsmöglichkeiten steigert sich allerdings auch das Missbrauchspotenzial, das sich immer wieder in grauenvollen Gestaltungsvorschlägen äußert. Nicht alles, was möglich ist, ist auch schön oder ansprechend – und nicht jeder, der einen Computer und ein Textverarbeitungsprogramm hat, ist ein geborener Grafiker.

Durchgesetzt hat sich bei der Gestaltung von Zeitschriften die Verwendung von bis zu drei Schriften, wobei Ausnahmen in begründeten Fällen unproblematisch sind. Die Neigung zum ausgefallenen Layout sollte allerdings nicht auf Kosten der Lesefreundlichkeit gehen.

Mit der Wahl der Schrift beeinflussen Sie die Erwartungen und das Verhalten des Lesers. Vergessen Sie nicht, dass Lesen auch Arbeit ist. Das Auge fotografiert Buchstaben und Buchstabenkombinationen, bevor unser Gehirn die aufgenommene Information mit bereits abgespeicherten Mustern vergleicht. Bei schlechten Grundschriften kann dieser Vorgang leicht zu Schwerstarbeit werden und führt oft zu brennenden Augen oder Kopfschmerzen.

Achten Sie darauf, dass die ausgewählte Schrift zum Textinhalt und zur Zielgruppe passt. Für ein Magazin mit Multimedia-Anwendungen wäre eine Frakturschrift beispielsweise tödlich.

Letztendlich entscheidet entweder das vorgegebene Corporate Design oder die persönliche Vorliebe, welcher Schrift der Vorzug gegeben wird. Es gibt jedoch ein paar Faustregeln, die sich aus den vorhandenen Magazinen

Abbildung 3.7 Schriften wecken Erwartungen an den Text. Haben Sie die gestalterische Freiheit, können Sie Schriften gezielt einsetzten. Das Beispiel zeigt eine Doppelseite aus der Zeitschrift *eve*. Umsetzung: Medienfarbrik, Gütersloh

ableiten lassen. So sind bei Überschriften schmale Schriften beliebt, da so einfach mehr Zeichen in eine Zeile passen. Der Einsatz von fetten Schriften sollte sparsam erfolgen – sie ermüden das Auge schnell. Vermeiden Sie längere Texte, die auf einem Hintergrundbild stehen. Durchgesetzt haben sich zwei Schriftentypen für eine Zeitschrift. Soll eine Rubrik jedoch besonders herausgestellt werden, kann – beispielsweise für die Head – eine dritte Schrift gewählt werden.

Viele konservative Publikationen wählen für Überschriften, Vorspann, Zwischenüberschriften und den Fließtext nur eine Schriftart, die in allen angebotenen Schriftschnitten eingesetzt wird – das heißt, sie wird fett, kursiv, in Versalien oder Kapitälchen genutzt. Meist handelt es sich dabei um eine Antiqua, also eine Serifenschrift. Die Serifen, die kleinen Häkchen an den

Buchstaben, erleichtern das Lesen längerer Texte. Die abwechselnde Strichstärke der Buchstaben und ihr Ruf, besser lesbar zu sein als jede andere Schriftart, machen sie zu einer beliebten Schriftfamilie für Fließtexte. Die Auswahl ist groß und wächst ständig.

Modernere Publikationen verwenden gern zwei Schriften, um so mehr Kontrast zu schaffen. Beliebt ist eine Antiqua-Schrift für den Fließtext und eine Grotesk-Schrift für die Überschriften. Diese hat im Gegensatz zu der Antiqua keine Schmuckelemente. Groteske Schriften zeigen sozusagen das Skelett eines Buchstabens und wirken damit sachlicher und kühler als Serifenschriften. Ihren Namen sollen sie übrigens erhalten haben, weil man sie einfach „grotesk" fand. Zu den häufigsten Grotesk-Schriften gehört die Helvetica.

Verzichtet eine Zeitschrift auf Anzeigen im Innenteil, fehlt es ihr bei einem Einsatz von zwei Schriften meist an Kontrast. Hier bietet es sich an, bei drei bis fünf wichtigen Themen für die Überschrift eine andere Schriftart zu wählen, damit das Auge beim Durchblättern der Zeitschrift dort leichter verweilt.

Die meisten Schriften werden in verschiedenen Schriftschnitten angeboten. Dabei werden Schrift- oder Strichstärken variiert. Zu diesen Schnitten gehört beispielsweise Extraleicht (Ultra Light), Leicht (Extra Light), Mager (Light, Thin), Buch (Roman, Book, Regular), Halbfett oder Kräftig (Semibold, Medium), Fett (Bold), Extrafett (Extra Bold, Heavy) und Ultrafett (Black). Auch die Zeichenweite kann variiert werden. Hier gibt es die Schnitte Extraschmal (Extra Condensend), Schmal (Condensend, Compressed, Narrow), Normal (Roman, Regular), Breit (Expanded, Extended) und Extrabreit (Extra Expendend). Eine weitere Variationsmöglichkeit besteht darin, die Schrift Kursiv (Italic, Oblique) zu setzen.

Neben der Wahl der Schrift beeinflusst auch die Schriftgröße die Lesbarkeit der Zeitschrift. Auch hier spielt die Zielgruppe eine wesentliche Rolle: Senioren haben, ebenso wie Kinder im Grundschulalter, Schwierigkeiten mit einer Schriftgröße von 9 Punkt (pt). Durchgesetzt hat sich eine Schriftgröße von 9 bis 12 Punkt für Fließtexte.

Bleibt die Frage der Satzausrichtung: Flattersatz, Blocksatz oder – teilweise – zentriert? Die Antwort hängt von Textart, Spaltenbreite und der gewünschten Wirkung ab. Rechtsbündig gesetzter Text wird fast nur für Tabellen, Marginalien oder Bildunterschriften verwendet, da er bei längeren Texten leseunfreundlich ist. Linksbündiger Flattersatz hingegen bietet sich bei schmalen Spalten an, um zu viele Silbentrennungen zu vermeiden. Beim Rausatz, einer Variante des Flattersatzes, werden die Trennungen manuell so korrigiert, dass der Text zwar nicht bündig abschließt, jedoch keine extremen Längenunterschiede auftreten. Für Bücher und Zeitschriften wird gern Blocksatz verwendet. Dabei sollten pro Zeile nicht mehr als 45 bis 75 Zeichen verwendet werden, da es sonst zu unschönen Wortabständen kommt. Zentrierter Text kann bei Überschriften, kurzen Texten und in Bild- oder Tabellenlegenden eingesetzt werden. Dabei wird der Text zeilenweise mittig gesetzt – was jedoch nur dann richtig wirkt, wenn sich die Zeilenlängen voneinander abheben.

Gerade bei Fachzeitschriften oder B2B-Kundenmagazinen gibt es immer wieder Textpassagen, die besonders hervorgehoben werden sollen. Dies kann beispielsweise durch einen anderen Schriftschnitt erreicht werden. Sehr dezent ist die Verwendung eines kursiven Schriftschnittes. Auffälliger wirkt ein halbfetter oder fetter Schriftschnitt, der das schnelle Auffinden von Stichwörtern ermöglicht. Bei der Nennung von Namen wird gern auf Versalien, also Großbuchstaben, oder Kapitälchen zurückgegriffen. Dabei sollten Kapitälchen immer leicht gesperrt, Versalien in einer Schriftgröße von 1 bis 1,5 Punkt kleiner als der Fließtext und ebenfalls leicht gesperrt gesetzt werden. Leseunfreundlich ist die Auszeichnung durch Unterstreichen, Kontur und Schattierung, auch wenn der Computer dies anbietet.

Längere Textpassagen können durch einen Einzug hervorgehoben werden, der durch eine Randmarkierung oder einen hängenden Absatz mit einem Symbolzeichen als Blickfang hervorgehoben werden kann. Ganze Absätze können durch das Unterlegen des Textes mit einer Farbe oder einem hellen Grauraster betont werden. Wird als Hintergrund eine dunkle Farbe

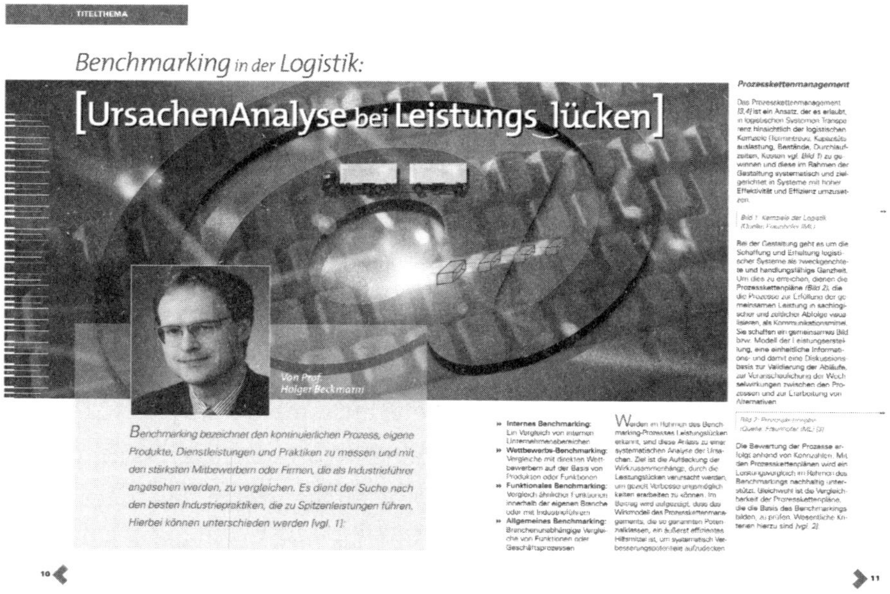

TITELTHEMA

Benchmarking in der Logistik:

[UrsachenAnalyse bei Leistungs lücken]

Von Prof. Holger Beckmann

Benchmarking bezeichnet den kontinuierlichen Prozess, eigene Produkte, Dienstleistungen und Praktiken zu messen und mit den stärksten Mitbewerbern oder Firmen, die als Industrieführer angesehen werden, zu vergleichen. Es dient der Suche nach den besten Industriepraktiken, die zu Spitzenleistungen führen. Hierbei können unterschieden werden [vgl. 1]:

- **Internes Benchmarking:** Ein Vergleich von internen Unternehmensbereichen
- **Wettbewerbs-Benchmarking:** Vergleiche mit direkten Wettbewerbern auf der Basis von Produkten oder Funktionen
- **Funktionales Benchmarking:** Vergleich ähnlicher Funktionen innerhalb der eigenen Branche oder mit Industrieführern
- **Allgemeines Benchmarking:** Branchenunabhängige Vergleiche von Funktionen oder Geschäftsprozessen

Prozesskettenmanagement

Abbildung 3.8 Schrift lässt sich grafisch gestalten – beispielsweise mit farbigen Hinterlegungen oder Fettungen, wie hier bei der *CargoTime*. Umsetzung: FOKUS Kommunikation Voß GmbH, Dortmund

oder ein dichtes Raster gewählt, wird der Text besser lesbar, wenn er in einer Komplementärfarbe gesetzt wird. Wird weißer Text in dunkle Textfelder gesetzt, ermüdet das Auge leicht, da der Weißraum dort geringer zu sein scheint. In diesem Fall sollte der Text immer leicht gesperrt werden. Beim Einsatz von Textkästchen ist jedoch Vorsicht geboten, da eine zu häufige Verwendung das Satzbild leicht optisch zerreißen kann. Textrahmen oder Trennlinien oberhalb oder unterhalb des Textes wirken hier dezenter.

Apropos sperren: Die meisten Layout-Programme bieten die Möglichkeit, die Laufweite der Buchstaben zu ändern und so den Text optisch zu korrigieren. Die Versuchung, damit Platz zu schinden, damit der Absatz bündig endet oder eine Trennung vermieden werden kann, ist dementsprechend groß. Tun Sie es nicht! Und wenn es wirklich mal sein muss, beispielsweise um im Blocksatz unschöne Wortabstände zu vermeiden, dann bitte nur sehr behutsam.

Leserführung durch Schriftgröße und Auszeichnung

Für den Fließtext, auch Brotschrift genannt, hat sich – je nach Zielgruppe und Lesbarkeit der Schrift – eine Schriftgröße von 8 bis 12 Punkt durchgesetzt. Zwischenüberschriften und Überschriften gliedern die Texte und erleichtern damit die schnelle Suche. Sie sollte sich daher durch ihre Größe und durch ihre Auszeichnung vom Fließtext abheben.

Welche Möglichkeiten die Schrift für die Gestaltung einer Zeitschrift gibt, lässt sich gut anhand der Überschrift zeigen: Zentriert gesetzt, vermittelt sie einen eher konservativen Charakter, linksbündig wirkt sie eher progressiv und modern. Als dynamisch gelten Überschriften, die kursiv, fett, in Versalien oder Kapitälchen gesetzt werden.

Überschriften stehen nicht immer allein. Ein Teil der Publikationen arbeitet mit Dachzeilen oberhalb der Überschriften, die von vielen Lesern nur bei mehrspaltigen Überschriften wahrgenommen werden. Andere setzen auf Unterzeilen, die häufiger beachtet werden als Dachzeilen. Unterzeilen werden grundsätzlich linksbündig gesetzt.

Bevor es mit dem Text richtig losgeht, folgt auf die Überschrift beziehungsweise die Unterzeile der Vorspann, der den Einstieg in den Text erleichtern, aber das Lesen des Textes nicht überflüssig machen sollte. Für den Vorspann wird meist eine fette oder halbfette Schrift verwendet. Der Vorspann wird kurz gehalten, um nicht zu viel zu verraten und das Auge durch den Schriftschnitt nicht zu ermüden. Das Wochenmagazin *Der Spiegel* begrenzt seine Vorspänne auf vier bis fünf Zeilen. Allgemein sollte man nicht mehr als 7 bis 8 Zeilen verwenden. Höhere Aufmerksamkeit erzielt der Vorspann, wenn er in schmaleren Spalten und mit Flattersatz gesetzt wird.

Einen schnellen optischen Einstieg in den eigentlichen Fließtext bietet die Initiale. Durch die auffällige Erscheinung bietet sie dem Auge einen

Ein Sonnenplätzchen der Luxusklasse lädt am Swimmingpool zum Verweilen ein. Mit Blick auf den See stimmt auch das Panorama

Einfach rundum glücklich sind Ruedi und Leslie Würmli mit ihren Söhnen Jonathan und Anthony im neuen Heim

Highlight Swimmingpool

Abbildung 3.9 Die Zeitschrift *Häuser heute* strukturiert auf dieser Doppelseite den Seitenaufbau mit dem Einsatz farbiger Initialen, die zudem in einer anderen Schriftart gesetzt sind. Umsetzung: Publikom Z Verlagsgesellschaft, Kassel

Ankerpunkt. Initialen stehen meist nur am Anfang des Textes. Sie können aber auch am Anfang eines jeden Absatzes stehen oder in den Text eingestreut werden. Dies empfiehlt sich besonders bei langatmigen Leitartikeln, Glossen oder trockenen Berichten, für die keine Fotos oder Illustrationen zur Verfügung stehen. Die Größe der Initialen liegt allgemein bei 3 bis 4 Satzzeilen. Bei einer Größe von 7 bis 8 Zeilen sollten die sonst fett gehaltenen Initialen mager gesetzt werden.

Auch bei Initialen gibt es verschiedene Gestaltungsmöglichkeiten. So können sie in den Text eingebaut werden oder überstehen oder grafisch gestaltet werden – beispielsweise, indem sie negativ in einem schwarzen oder grauen Kasten stehen. Wer es etwas extravaganter mag, kann die Initiale auch in einer anderen Schrift setzten und den Textanfang so optisch stärker abheben. Auch der Einsatz von Farbe ist denkbar.

Textanfänge mit „I", „L" oder Anführungszeichen sollten möglichst vermieden werden, da hier der Einsatz einer Initiale unschön wirkt. Steht eine Jahreszahl am Textanfang, wird statt des ersten Zeichens die gesamte Jahreszahl als Initial gesetzt. Der Charakter der Initiale kann durch das Setzen des restlichen Wortes oder Satzteils in Versalien oder Kapitälchen betont werden.

Statt Initialen können auch Fettungen oder in Versalien oder Kapitälchen gesetzte Wörter am Absatzbeginn, farbige oder in Schwarz- beziehungsweise Grautönen gehaltene Hinweispunkte oder Symbole das Layout lebhafter gestalten.

Auch beim Fließtext gibt es Gestaltungsmöglichkeiten, mit denen der Beitrag optisch gegliedert werden kann. So können Absätze mit einer ganzen oder halben Leerzeile oder mit einem Einzug voneinander getrennt werden. Um den Text nicht zu unruhig wirken zu lassen, wird er am so genannten Grundlinienraster ausgerichtet, das sich am Zeilenabstand des Fließtextes orientiert. Damit verhindern Sie ein Hin- und Herspringen der Zeilen aufgrund ungenauer Abstände; die Zeilen liegen auch dann genau übereinander, wenn Sie eine Seite vor das Licht halten und Vorder- und Rückseite betrachten.

Abbildung 3.10 Die *Deutsche Telekom* setzt bei *digits* auf großzügige Bildsprache und die Hervorhebung einzelner Textpassagen durch die bereits bekannten und im Corporate Design verankerten Quadrate in den Unternehmensfarben Grau und Magenta.

Zwischentitel, Statements und Fly-outs

Eine weitere Möglichkeit, den Text aufzulockern, sind die Zwischenzeilen beziehungsweise Zwischentitel. Sie sollten aus dem Text hervorstechen und dürfen von der Schrift her größer – da, wo es passt, auch andersfarbig – daherkommen und ruhig den Satzspiegel verlassen. Leser werden oft erst durch Zwischenzeilen auf den Textinhalt aufmerksam gemacht. Deshalb sollte der angekündigte Inhalt auch unmittelbar unterhalb des Zwischentitels stehen und nicht erst drei Seiten später auffindbar sein. Auch wenn es sich anbietet: Zwischenzeilen passen nicht an den Spaltenanfang. Pro Seite können zwei bis vier Zwischenzeilen eingebaut werden, die im Zickzack über das Papier wandern.

Ist an der gewünschten Stelle kein Absatzende, können die Zwischenzeilen mit zwei Linien vom Text abgegrenzt und so unter grafischen Gesichtspunkten eingebaut werden. Zwischenüberschriften werden beim ersten Blick auf das Blatt gelesen; beim Lesen des Textes werden sie von den meisten Lesern übersprungen und stören den Lesefluss damit nur geringfügig. Auflockernden Charakter erhalten die Zwischenüberschriften durch die eingesetzte Farbe, den Schriftschnitt, die Schriftgröße oder durch den Einsatz einer anderen Schrift – eventuell die der Überschrift, des Vorspanns oder der Hausschrift.

Beliebt ist auch der Einsatz von Statements, Marginalien oder Fly-outs. Dabei sollten die Statements zwischen zwei Spalten, möglichst farbig oder aufgerastert, stehen. Ob die An- und Abführungszeichen oder aber das gesamte Statement farbig gestaltet wird, hängt vom Zusammenspiel aller Gestaltungselemente ab. Marginalien und Fly-outs erfordern einen anderen Satzspiegel mit beispielsweise dreieinhalb Spalten: drei für den Fließtext, eine halbe Spalte außen für Marginalien beziehungsweise Fly-outs. Damit sie richtig wirken, sollte ein breiter Abstand zum Seitenrand vorgesehen werden. Gesetzt werden Statements und Fly-outs in einer Schriftgröße von 14 bis 18 Punkt mit halbfettem Schnitt. Besonders auffällig bei Statements sind Anführungszeichen mit einer Größe von bis zu 80 Punkt.

Wer eine oder mehrere Farben zur Verfügung hat und Informationen außerhalb des Textes verarbeiten möchte, kann das Nützliche mit dem Schönen verbinden – beispielsweise mit farbigen Kästen, eventuell mit einer fetten, kräftigen Linie vom Text abgetrennt. Dieser Kasten kann über den Seitenspiegel hinaus gehen.

Der Einsatz von Bildern

Trotz all dieser Möglichkeiten gilt: Bilder sind nicht nur der bessere Blickfang; sie bieten einen ersten wichtigen Bezug zum Textinhalt und locken Leser mindestens ebenso erfolgreich an wie knackige Überschriften. Bilder machen neugierig und ermöglichen – über die gut getextete Bildunterschrift – den Einstieg in den Text. Dass ihnen deshalb möglichst viel Platz eingeräumt werden sollte, versteht sich damit von selbst. Zumindest theoretisch, denn oft wird genau hier gespart, um Kosten zu reduzieren.

Dies gilt vor allem für die Zeitschriften, die von Anzeigen leben oder zumindest einen Teil der Kosten damit refinanzieren können. Denn sobald Anzeigenmotive das Heft schmücken, müssen sich die Bilder an deren Qualität messen lassen.

Bei Unternehmenszeitschriften ohne Anzeigen ist das Budget für Bilder jedoch oft recht knapp. Dabei müssen die Motive nicht unbedingt nur für die Zeitschrift zur Verfügung stehen. Meist hat die Presse- oder Marketingabteilung einen Fundus guter Bilder, die genutzt werden können – oder sie haben Interesse an einem Motiv, das zunächst für die Mitarbeiterzeitschrift eingesetzt wird.

Mit einer geschickten Planung können die Kosten für Bilder reduziert werden. Beispielsweise mit einer längerfristigen und abteilungsübergreifenden Planung. Findet ein Event statt, zu dem ein Fotograf engagiert wird, oder soll der neue Vorstand fotografiert werden, können am selben Tag Fotos von neuen Produkten gemacht werden. So fällt nur ein Tagessatz für den Fotografen an.

„Viele Unternehmen unterschätzen leider immer noch die Wirkung gut gemachter Fotos. Das gilt für die Qualität ebenso wie für den Stellenwert der Bilder bei der Seitengestaltung", berichtet Michael Lindner, freier Fotograf aus Hamburg, über seine Erfahrungen. Der Text mit den Fakten wird von den Verantwortlichen in seiner Aussagekraft oft wichtiger eingeschätzt als Bildmotive. Dabei untermauern diese nicht nur die geschriebenen Worte, sie beleben sie förmlich. Berichte über ein Event, ein neues Schulungszentrum oder über ein SOS-Kinderdorf bekommen durch die Bilder eine ganz andere Aussagekraft. Mit ein Grund, weshalb die Abdruckwahrscheinlichkeit bei Pressemeldungen durch gute Fotos erhöht wird. Stellen Sie sich einen Beitrag über die Gestaltungsmöglichkeiten mit bunten Teppichfliesen vor, der nicht mit Fotos oder Illustrationen erscheint. Kein Leser macht sich die Mühe und malt die beschriebenen Muster selber auf, um sich ein klares Bild vom Ergebnis zu machen.

Welche Wirkung Bilder haben, kann anhand des Beispiels Reisereportage erläutert werden: Stellen Sie sich einen gut geschriebenen, lebendigen und atmosphärisch dichten Text über ein südliches Tauchparadies vor. Aber statt blauem Himmel, Strand und einer bunten Unterwasserwelt werden überfüllte Hotelburgen und Urlauber mit dicker Jacke bei Regenwetter gezeigt. Bei diesen unterschiedlichen Aussagen verfliegt nicht nur die Urlaubsstimmung sehr schnell – sie wird wahrscheinlich erst gar nicht aufkommen, da der Leser aufgrund der Bilder ganz andere Erwartungen an den Text haben wird.

Dabei liegen die Vorteile gut gemachter Bilder auf der Hand: Abgesehen von ihrer inhaltlichen Aussagekraft entwickeln sie auch eine grafische Aussage, die nicht zu unterschätzen ist. Aufmacherfotos, die über den Bruch zum Textteil reichen, wirken wie eine großzügige Brücke, die den Leser vom Eyecatcher in den Text locken. Voraussetzung ist eine Doppelseite als Aufmacher und genug Platz, um das Foto nicht auf der ersten Seite enden zu lassen, da große Motive sonst leicht mit einer Anzeige verwechselt werden.

Nutzen Sie Bilder zur Gestaltung beziehungsweise Betonung von Textelementen. Ein über den Bruch hinausgehendes oder über eine Doppelseite gezogenes Aufmacherfoto kann beispielsweise als „Hintergrund" für die Überschrift und den Vorspann dienen. Auch Bildunterschriften müssen sich nicht innerhalb des Satzspiegels bewegen, sondern können – wenn dadurch keine Bildaussage verloren geht – auch innerhalb des Motivs stehen. Informationskästen können ebenfalls auf Hintergrundbildern platziert werden. Diese sollten dann allerdings nur schmückenden Charakter haben. Denkbar ist beispielsweise ein Textkasten über verschiedene Kaffeesorten auf einem Hintergrundbild mit Kaffeebohnen.

Bilder bauen Brücken zwischen den einzelnen Seiten und stellen den Beitrag so auch optisch als eine Einheit dar. Dies kann durch eine Bildstrecke von links nach rechts geschehen oder durch Bilder, die durch den Bruch laufen, erreicht werden. Gehen Bilder über den Satzspiegel hinaus, vermitteln sie einen großzügigen und eleganten Charakter. Wichtig ist auch der pas-

Abbildung 3.11 Gut gewählte Motive machen Leser auf Beiträge aufmerksam, bauen Brücken zwischen den Seiten und wirken lebendig, ohne die Seiten überfüllt wirken zu lassen – wie dieses Beispiel zeigt.

sende Bildausschnitt. Der Betrachter möchte die wichtigen Dinge nicht lange suchen; sie sollen ihm ins Auge springen. Extreme Bildausschnitte werden daher eher beachtet und der Wechsel von Detailaufnahmen und Ganzaufnahmen bildet ansprechenden Kontrast und macht neugierig.

Das Kontern von Bildmotiven, also die seitenverkehrte Wiedergabe, sollte aus verschiedenen Gründen vermieden werden: Zum einen haben gekonterte Gesichter wenig Ähnlichkeit mit dem lebenden Menschen, zum anderen werden eventuell vorhandene Schriften auf den Bildmotiven verdreht. Die Meinung, dass ein Bild in den Text „hineingucken" muss, ist überholt: Menschen, die vorausschauen, und Autos, die aus dem Text hinausfahren, wirken dynamisch.

Blickfänger schlechthin sind freigestellte Motive, die vom Text umlaufen werden – sofern die Motive scharf sind und Menschen, Tiere oder andere Gestalten vollständig abgebildet sind. Fehlt auf der Vorlage ein Teil des Mo-

Abbildung 3.12 Freiraum trotz vieler Motive: Eine Doppelseite des *Adler journal*. Umsetzung: muelhaus & moers kommunikation, Köln

tivs, können Sie tricksen: Lassen Sie das Motiv aus dem Anschnitt in den Text laufen – auch in diesem Fall ist Ihnen die Aufmerksamkeit sicher, da Sie den Satzspiegel gekonnt durchbrechen.

Haben Sie viel Platz, können Sie den Text oben und unten mit Bildreihen einrahmen oder – vorausgesetzt, das Bild eignet sich dazu – ein Motiv als Hintergrundbild für den Text komplett über die Seite ziehen.

Wie mit geschickt eingesetzten Bildern gezielt Stimmung gemacht werden kann, zeigt die Zeitschrift *blue inc.* von ThyssenKrupp in ihrer Sonderausgabe zum Thema Umwelt. Unter der Überschrift „Wie Phönix aus der Asche" zeigt das Magazin als Aufmacher ein zweiseitiges Foto des Braunkohlereviers „Schwarze Pumpe", gefolgt von weiteren Fotos und großzügig gesetztem Text. Auf Seite fünf des Beitrags ist ein Arbeiter mit Schutzanzug abgebildet, auf Seite sechs ein blühend gelbes Rapsfeld. Nur die Bildunterschrift „Wo einst Strom aus Braunkohle gewonnen wurde, wird bald Biodiesel aus Raps produziert werden" verrät dem aufmerksamen Leser: noch handelt es sich um Zukunftsmusik. Der Text ist noch ehrlicher: Die Fundamente müssen noch ausgegraben und die Öltanks auf Schrottgröße geschnitten werden, bevor mit der Renaturierung begonnen werden kann. Damit zeigt die gut ausgewählte Bildstrecke nichts anderes als ein noch nicht erreichtes Ziel – und ist damit ein eindrucksvolles Beispiel dafür, wie Bildinhalte Leser beeinflussen können.[10]

Steht neben Schwarz nur eine Farbe für den Druck zur Verfügung, können Bilder als Duplex gedruckt werden. Dabei wird ein schwarz-weißes Bild mit einer weiteren Farbe kombiniert. Bei der Kombination mit Blau wird ein eleganter, dreidimensionaler Charakter erreicht. Dieser Effekt wird gern für Anzeigen verwendet. Wer diese Möglichkeit in Betracht zieht, muss vorsichtig mit der Farbe umgehen. Bei schwachen Effekten wählt man ca. 15 bis 20 Prozent der gewählten Farbe, bei mittleren ca. 35 und bei einem starken Effekt etwa 55 Prozent aus.

---

[10] Der Beitrag findet sich auf den Seiten 27 bis 33 des Heftes.

Abbildung 3.13 Das Braunkohlerevier „Schwarze Pumpe" als Aufmacher in der Zeitschrift *blue inc.* von ThyssenKrupp.

Abbildung 3.14 Aus der Halde wird einmal ein blühendes Rapsfeld: Thyssen wagt in der Zeitschrift *blue inc* mit der Bildwahl einen Blick in die Zukunft. Umsetzung: Hoffmann und Campe Corporate Publishing, Hamburg

Bilder und Illustrationen brauchen genügend Platz, um wirken zu können. Weißraum unterstützt sie bei der Entfaltung der grafischen Qualitäten. Er kann gezielt eingesetzt werden, um verschiedene Motive zu einer Gruppe zu bündeln oder – durch viel Platz – einzelne Elemente optisch herauszustellen.

Auch wenn Bilder gezielt dazu eingesetzt werden, den Blick auf eine bestimmte Stelle zu richten, sollte die Seitengestaltung insgesamt stimmig und ausgewogen sein. Dabei wirken natürlich nicht nur die Bilder, sondern auch der Grauwert, der durch die Schrift entsteht. Gestaltungselemente, die außen liegen, wirken schwerer als Elemente in der Seitenmitte. Um die Wirkung der Seiten zu beurteilen, werden die gestalteten Doppelseiten betrachtet und aufeinander abgestimmt.

Ein Wort zur Bildqualität

Damit Bilder wirken, müssen sie bestmögliche Qualität aufweisen. Diese Feststellung betrifft neben der Auswahl der Motive auch die Qualität der Aufnahmen und die Auflösung der Bilddaten. Auch wenn kein Fotograf und kein großes Budget zur Verfügung stehen, sollten Sie bei der Auswahl der Bilder pingelig sein. Auf die Ankündigung „Ich mache mal ein Polaroid" gibt es nur eine mögliche Antwort: „Nein!" Ähnliches gilt fast generell bei Motiven, die von Mitarbeitern aufgenommen werden – egal ob sie eine herkömmliche oder eine Digitalkamera zur Verfügung haben. Nicht umsonst ist Fotograf ein eigenständiger Beruf, den man lernen kann. Wie Mitarbeiter oder Produkte wirken, hängt von dem Können des Fotografen ab. Denn auch Digitalkameras bieten nicht immer die Qualität, die benötigt wird. Nicht selten werden Bilder mit einer Auflösung von 72 dpi bei Bildgrößen von 45 x 33 cm als JPEG-Datei abgespeichert. Beim Druck in Magazinqualität wird aber eine Auflösung von 300 dpi benötigt. Selbst wenn Sie die Bilddaten des digitalen Fotos auf 300 dpi umrechnen, werden Sie mit dem Ergebnis nicht zufrieden sein – die Bildgröße beträgt dann nämlich nur noch 10 cm x 8 cm und die Umrechung führt zwangsläufig zu Qualitätsverlusten.

Bilder sind das Erste, was Ihren Lesern ins Auge fällt. Schrecken sie durch ihre Qualität ab, fällt der ganze Beitrag – vielleicht auch das gesamte Heft – durch. Deshalb ist auch hier weniger mehr: lieber ein oder zwei gute Bilder, die eingekauft werden, als eine Fotostrecke eines Hobbyfotografen, die jeden potenziellen Leser schaudern lässt. Bedenken Sie bei jeder Seite, dass Sie mit der Zeitschrift Werbung für Ihr Unternehmen machen, auch wenn ein Beitrag inhaltlich nichts oder wenig mit Ihren Serviceangeboten oder Produkten zu tun hat.

Haben Sie kein eigenes Bildarchiv zur Verfügung, mit dem Sie die Beiträge illustrieren können, bietet sich die Recherche bei Bildagenturen an. Die meisten Grafiker haben Kataloge der größten Bildagenturen zur Verfügung und können schnell und unkompliziert Bildvorschläge machen. Viele Agenturen bieten mittlerweile auch die Online-Recherche an.[11]

Cliparts bieten sich als Illustration in den seltensten Fällen an. Auch hier gibt es selbstverständlich Ausnahmen von der Regel – dennoch gehören diese kleinen, lustigen Bilder eher in Hochzeitszeitschriften oder auf private Einladungen, nicht aber in professionell gemachte Zeitschriften. Rechenschieber, Weinflaschen und weitere beliebte Clipart-Motive werden von Bildagenturen als bereits freigestellte Fotos angeboten. Investieren Sie lieber in gutes Bildmaterial, als ihr Magazin durch falsch verstandene Sparsamkeit abzuwerten.

Gleiches gilt für die Bildbearbeitung. Auch wenn der Postweg länger ist als der direkte Draht per E-Mail, sollten Sie das Einscannen der Bilder Profis überlassen – auch wenn Sie von Ihrem Grafiker oder Ihrer Agentur ganz genaue Angaben zu Bildgröße und Auflösung haben. Es gibt eine Reihe von Software zur Bildbearbeitung, die Unternehmen zusammen mit dem von ihnen gekauften Scanner erhalten, die nicht den Anforderungen der Zeitschriftengestaltung genügen. Das betrifft sowohl die Bilddetails, die beim Scan erfasst werden, als auch die Bildqualität. Bei einigen Programmen, die Sie mit dem Kauf eines Scanners mehr oder weniger kostenlos erhalten, wer-

---

[11] Die Adressen einiger Bildagenturen finden Sie im Anhang.

den Bilder mit 300 dpi beim Speichern als JPEG-Datei in eine Datei mit 72 dpi umgewandelt – wie bereits bei der Digitalkamera erwähnt. Auch hier wird das Format zwar erheblich vergrößert, durch das Umrechnen ergibt sich jedoch ein Qualitätsverlust, der sich im Druck gnadenlos bemerkbar macht.

Diese Programme sind für den Privatgebrauch, nicht für professionelle Bildbearbeitung entwickelt worden. Oft macht sich dies schon bei den Optionen bemerkbar, die Ihr Scan-Programm hat. Können Sie hier nicht viel mehr als die Auflösung angeben, ist die spätere Verwendung des Bildes stark eingeschränkt. Beim Kauf eines Scanners und des dazugehörenden Programms sollten Sie darauf achten, dass Sie die Bilder nicht nur zu 100 Prozent, sondern auch größer einscannen können. Nur so können später alle Motive sinnvoll genutzt und Bildausschnitte bei Bedarf vergrößert werden.

Werden die Bilder im Vorfeld eingescannt und die Vorlagen nicht mitgeliefert, hat die Grafik oft ein weiteres Problem: Die Größe des Bildes im Layout ist mit der Datei vorgegeben. Der gern gebrachte Hinweis, das Bild könne ja vergrößert werden, da es als Datensatz vorliegt, stimmt nur bis zu einem bestimmten Maß: Jede Vergrößerung einer Abbildung von über zehn Prozent der Originalgröße schadet der Qualität. Gezielt gewählte Bildausschnitte sind so unmöglich, die gesamte Qualität der Zeitschrift leidet durch solche Vorlagen. Abgesehen davon, dass bei Layoutänderungen das Motiv mit neuen Maßen erneut eingescannt werden muss und so die Kosten für die Grafik unnötig in die Höhe getrieben werden.

Auch die Retusche an unprofessionell eingescannten Bildern stellt immer wieder eine Herausforderung dar – angefangen bei Staub und Dreck, der mit eingescannt wurde, bis hin zu geknickten Ecken und groben Rastern bei Passfotos. Nicht umsonst investieren Grafik- und Satzbüros viel Geld in ihre technische Ausrüstung, die Ihnen – zusammen mit den Profis, die damit umgehen können – zur Verfügung steht. Professionelle Bildbearbeitungsprogramme erlauben im Vorfeld, neben der Auflösung die Bildgröße einzustellen oder erste Filter anzuwenden. Damit wird die Arbeit für alle angenehmer und effektiver.

Natürlich wird es immer wieder einmal vorkommen, dass Bilddaten direkt von Unternehmen oder von Dritten zur Verfügung gestellt werden. In diesen Fällen sollte von Anfang an geklärt werden, in welchem Dateiformat, in welcher Größe und in welcher Auflösung die Bilder oder Logos vorliegen sollten. Je genauer die Angaben sind und eingehalten werden, desto reibungsloser kann die Umsetzung erfolgen.

Dateiformate für Bilder

Neben dem allseits bekannten JPEG-Format gibt es weitere Dateiformate, in denen Bilder – je nach ihrer späteren Verwendung – abgespeichert werden können beziehungsweise sollten. Zu den bekanntesten und am häufigsten verwendeten gehören die Formate TIFF und EPS, die von den gängigen Layoutprogrammen gelesen werden können.

Im „Tagged Image File Format", kurz TIFF, können sowohl S/W-Strich, Graustufen-, RGB- und CMYK-Bilder gespeichert werden. Über den LZW-Standard werden sie bei Bedarf relativ verlustfrei komprimiert.

EPS-Bilder bieten sich vor allem dann an, wenn mit freigestellten Motiven gearbeitet werden soll. Zu diesem Zweck werden beispielsweise in der Software Photoshop Pfade angelegt und mit abgespeichert. Das Layoutprogramm erkennt diese Pfade als Begrenzungen des Bildausschnitts, der alleine dargestellt – und gedruckt – wird. Auch Duplex-Bilder und CMYK-Bilder mit Schmuckfarben sollten in diesem Format gespeichert werden. Darüber hinaus eignet sich das EPS-Format auch für S/W-Strich, Graustufen- und RGB-Bilder.

Während sich das TIFF-Format nur für pixelorientierte Bilder anbietet, können im EPS-Format (Encapsulated Post-Script) auch Vektorbilder und Kombinationen zwischen pixelorientierten Bildern und Vektorbildern abgespeichert werden.

JPEG-Bilder haben sich vor allem beim schnellen Datentransfer per E-Mail durchgesetzt. Leider wird dabei meist ein Qualitätsverlust in Kauf genommen, der sich spätestens im Druck bemerkbar macht. Bevor Sie also Bilder möglichst klein rechnen, um einen schnellen Datentransfer zu erreichen, sollten Sie in Erwägung ziehen, die Daten auf CD zu brennen und den Postweg zu nehmen. Ein weiteres Problem, das bereits an anderer Stelle angesprochen wurde, ist die Auflösung dieser Dateien, die – je nach eingesetztem Programm beziehungsweise Digitalkamera – schon mal bei 72 dpi liegt. Völlig ausreichend für die digitale Fotogalerie im Internet, für Printobjekte jedoch nicht zu gebrauchen.

Apropos Internet: Bilder, die dort zur Gestaltung genutzt werden, haben eine Auflösung, die sich für Printobjekte in den seltensten Fällen eignet. Sofern es sich nicht ausdrücklich um Pressefotos zur freien Veröffentlichung handelt, gibt es obendrein auch einen Ansprechpartner mit Bildrechten und Honoraranspruch. Das „schnelle Herunterladen" dieser Bilder ohne Rücksprache mit dem Fotografen beziehungsweise Rechteinhaber verbietet sich deshalb von selbst. Gleiches gilt natürlich für Texte und Grafiken, die im Internet zu finden sind.

An der Frage, welches Bildformat besser für die Gestaltung von Printobjekten geeigneter ist, scheiden sich die Geister. Während es den einen egal ist, sind andere davon überzeugt, dass alle TIFF-Bilder einen Farbstich haben. Da jedes Umrechnen und Bearbeiten von Bildern zu einem (kleinen) Qualitätsverlust führt, sollten Sie sich deshalb vorab mit dem Grafiker beziehungsweise Layouter auf ein Format einigen. Oftmals ist die Entscheidung von dem DTP-Programm, in dem die Zeitschrift gestaltet wird, abhängig.

3.3 Der Relaunch

Früher oder später ist es so weit: Themenwahl, -aufbereitung und die Gestaltung der Kundenzeitschrift ist eingefahren; es fehlt ein frischer Wind. Manchmal reichen schon Kleinigkeiten aus, um das Heft wieder auf die richtige Bahn zu bringen, manchmal ist ein vollkommener Neuanfang nötig.

Bei einem Relaunch geht es um mehr als die Frage, ob die eingesetzten

Farben noch zeitgemäß sind oder ob mehr kürzere Texte und Info-Kästen in das Heft integriert werden sollten. Vielmehr wird das gesamte Konzept – von der Idee über die Zielsetzung bis hin zur Umsetzung – auf den Prüfstein gestellt.

Mit der Ausgangskonzeption und der Zielsetzung haben Sie Ihrer Kundenzeitschrift einen ersten Charakter gegeben, der sich im Laufe der Zeit weiterentwickelt und herauskristallisiert hat. Ähnlich wie bei Menschen gibt es hier einen ständigen Entwicklungsprozess, der in eine gewollte oder ungewollte Richtung läuft. Der Relaunch gibt Ihnen die Chance, den eingeschlagenen Weg zu prüfen und zu optimieren, ein klares Profil herauszuarbeiten und sich gegebenenfalls den geänderten Rahmenbedingungen anzupassen.

Stimmt die Zielgruppendefinition noch?

Märkte und Marktverhalten ändern sich, Trends kommen und gehen. Jede inhaltliche und optische Überarbeitung des Konzepts sollte deshalb mit der Frage beginnen, wen die Zeitschrift ansprechen beziehungsweise überzeugen soll. Möchten Sie immer noch dieselben Inhalte und Ziele vermitteln wie zum Start Ihrer Kundenzeitschrift? Haben Sie sich strategisch neu positioniert und dies inhaltlich noch nicht berücksichtigt? Sind Ihre Leser älter oder jünger geworden; sprechen Sie mit Ihrem Produkt oder Ihrer Dienstleistung vielleicht ganz andere Käuferschichten an?

Natürlich müssen Sie bei einem Relaunch nicht bei null anfangen – je näher Sie sich der Ausgangsüberlegung für das Zeitschriftenkonzept nähern, umso größere Erfolge können Sie mit der Neuausrichtung erzielen. Ausgangsbasis sind Kundendaten, Statistiken.

Bevor Sie das Heft neu konzipieren, sollten Sie diejenigen befragen, um die es geht: die Leser. Verfügt Ihr Unternehmen über einen Außendienst oder aktive Kundenberater, haben Sie im Laufe der Zeit bestimmt schon Feedback auf Ihre Zeitschrift erhalten. Mit etwas Glück sind Kritik und Lob auch weitergereicht und notiert worden, sodass eine erste Bewertung der Zeitschrift auf dieser Basis möglich ist. Liegen solche Erkenntnisse nicht vor, sollten Sie zunächst alle Mitarbeiter, die mit den Kunden in Kontakt stehen, nach ihren Erfahrungen und Einschätzungen befragen.

Die Leserbefragung

Darüber hinaus bietet sich eine Leserbefragung an, die Sie ins Heft integrieren können. Diese sollte ergänzend zum internen Interview durchgeführt werden, wobei die bereits gewonnenen Erkenntnisse in die Fragestellungen einfließen können. Neben den Themen und der Verständlichkeit der Texte sollten Sie auch die Gestaltung berücksichtigen. Und das nicht nur, weil sich Trends ändern. Schrifttypen und Schriftgrößen sind unterschiedlich gut lesbar. Bei einer jüngeren Zielgruppe bietet sich meist eine serifenlose Schrift an, während Leser ab etwa 45 Jahre Serifenschriften als besser lesbar empfinden.

Die Frage nach überbewerteten oder vernachlässigten Themen erfordert die Bereitschaft, Kritik anzunehmen und sie umzusetzen. Gerade wenn im Vorfeld auf eine Nullnummer verzichtet wurde und das Magazin sozusagen „aus dem Bauch" heraus konzipiert wurde, kann es hier böse Überraschungen geben. Rechnen Sie damit, dass Sie aus Lesersicht Ihr Unternehmen überbetonen und schlicht an der Zielgruppe vorbei schreiben. Dies kann sich bei einer Umfrage auf verschiedenen Wegen äußern: in konstruktiver Kritik, die Sie weiterbringt und Dialogbereitschaft bei den Lesern signalisiert – oder durch Schweigen, weil keiner der von Ihnen angesprochenen Kunden das Magazin liest oder ernst nimmt. Ist Letzteres der Fall, sollten Sie unbedingt die Notbremse ziehen und noch einmal ganz von vorn anfangen.

Für unterschiedliche Inhalte bieten sich verschiedene Textformen und Textlängen an. Auch hier gilt es, Ziel und Erreichtes zu überprüfen. Wie viel Zeit nehmen sich die Leser für bestimmte Themen? Stimmt das Verhältnis zwischen Information und Nutzwert, bevorzugen die Kunden lieber knappe Texte mit Info-Kasten oder steigen sie lieber in längere Reportagen ein?

Ein weiteres wichtiges Thema ist der Erscheinungstermin. Freuen sich Ihre Leser auf das nächste Heft, oder kommt Ihr Magazin so oft ins Haus, dass sie sich bedrängt oder gar genervt fühlen? Vielleicht sind Ihre Themen aber auch so interessant, dass Ihre Zeitschrift öfter als bisher erscheinen sollte? Auch hier sollten Sie Ihre Leser zu Wort kommen lassen.[12]

Auch wenn Sie nicht jede Kritik teilen, sollten Sie sich über jede Anmerkung freuen. Und dies gleich doppelt: Sie gibt Ihnen nicht nur die Möglichkeit, Ihre Zeitschrift besser auf die Leser abzustimmen – Kunden, die bereit sind, ihre Zeit zu investieren, obwohl sie unzufrieden sind, möchten den Dialog fortsetzen. Diese Bereitschaft sollten Sie nicht unterschätzen – es geht schließlich nicht nur um einen Leser mehr oder weniger, sondern um einen Umsatz bringenden Kunden.

Darüber hinaus bietet sich die Leserbefragung dazu an, bestehende Adressdaten zu überprüfen und neue Leser zu gewinnen. Um eine möglichst große Beteiligung zu erzielen, können Sie die Befragung mit einer kleinen Verlosung koppeln.

Geben Sie Ihren Lesern Feedback

Auch wenn die Beteiligung eher zurückhaltend war und Ihre Leser alles gut fanden, sollten Sie in der nächsten Ausgabe der Zeitschrift auf die Ergebnisse der Befragung eingehen. Geben Sie eine kurze Zusammenfassung der wichtigsten Kritikpunkte; erläutern Sie, welche häufig genannten Anregungen aufgenommen wurden und welche nicht. Dabei müssen Sie das „Warum" nicht aussparen. Vor allem aber: Bedanken Sie sich bei Ihren Lesern für die Zeit und die Mühe, die diese aufgebracht haben, um Ihr Marketingprodukt zu verbessern.

---

[12] Eine mögliche Leserbefragung finden Sie im Anhang.

Kleine Änderungen, große Wirkung – Beispiel für ein Re-Design

Auch wenn es beim Relaunch nicht nur um ein neues Design geht, lässt sich anhand der *CargoTime* zeigen, welche durchschlagende Wirkung ein paar kleine Änderungen im Layout haben können. Vergleicht man die Ausgaben vor und nach dem Relaunch, fällt zunächst der geänderte Schriftzug auf dem Titel auf. Das Nächste sind die zwei roten Balken, die bei Ausgabe 1/2000 den Titel optisch begrenzen und von den eher unauffällig gesetzten Inhaltsangaben ablenken. Bereits eine Ausgabe später tritt der Herausgeber Cargo Line selbstbewusster auf: Der Schriftzug „Cargo" wird im Titel rot betont, das Schwerpunktthema wird optisch auf dem Titel herausgestellt.

Auch das Innenleben der *CargoTime* hat sich nach und nach geändert. Schriften wurden ausgewechselt, der Zeilenabstand minimal vergrößert, das Layout luftiger und damit ansprechender gestaltet. Weitaus größere Änderungen hat es bei den Bildern gegeben. Die neuen Ausgaben gehen mit großen, leseunfreundlichen Hintergrundbildern sparsamer um. Werden sie dennoch eingesetzt, wird der Text so gestaltet, dass die Augen trotzdem nicht zu schnell ermüden. Alle anderen Bilder werden grundsätzlich größer und großzügiger gesetzt. Alles in allem wirkt das Magazin freundlicher und aufgeräumter.

Mit dem neuen Auftritt der Kundenzeitschrift wird auch das Unternehmen selbst anders, nämlich selbstbewusster und aufgeräumter, wahrgenommen. Auch wenn die übrige Konzeption des Heftes nicht geändert wurde, profitiert Cargo Line eindeutig von den neuen Charaktereigenschaften der Zeitschrift.

Abbildung 3.16 Die Titelseite der *CargoTime* vor dem Re-Design

Abbildung 3.17 Die Titelseite der *CargoTime* nach dem erfolgreichen Relaunch

4 Vom Klebeumbruch zum Computer: Die Herstellung

Die Zeiten, in denen die einzelnen Magazin-Seiten zunächst mit Schere und Klebe vorbereitet wurden, sind weitestgehend vorbei. Vereinzelt trifft man diese Vorgehensweise immer noch, meistens wird aber der Computer als wichtigstes Instrument geschätzt.

Sowohl für PCs als auch für richtige Computer[13] gibt es verschiedene Layoutprogramme, die alle ihre Vor- und Nachteile haben. Weit verbreitet unter Grafikern und Layoutern sind QuarkXPress und PageMaker. Seit einiger Zeit belebt InDesign den Wettbewerb. Abgesehen von dem guten Zusammenspiel mit Photoshop überzeugt der Neuling über den Preis und durch die Möglichkeit, auch QuarkXPress-Dokumente öffnen zu können. Statt sich ein Update des Klassikers zu kaufen, können Layouter also getrost auf ein neues Programm umschwenken, das neue Features bietet.

Neben den drei erwähnten Programmen wird für die Zeitschriftengestaltung auch Illustrator, manchmal sogar CorelDraw eingesetzt. Für welches Programm Sie sich entscheiden, hängt von Ihren persönlichen Vorlieben und Ihrem Budget ab.

Eines haben alle gemeinsam: Sie kosten Geld, das sich nur dann rechnet, wenn Sie mit dem Programm richtig umgehen können. Wenn Sie mit dem Gedanken spielen, die Herstellung intern abzuwickeln, sollten Sie sich genau mit den einzelnen Programmen und ihren Möglichkeiten beschäftigen. Lassen Sie sich beraten und fragen Sie bei den Herstellern nach einer Demo-Version des gewünschten Programms. Diese laufen etwa dreißig Tage

---

[13] Auch Mac genannt ;-)

auf dem Computer und bieten zum Teil nur eingeschränkte Möglichkeiten. Für einen ersten Eindruck und einen Vergleich zu anderen Programmen reichen die Demoversionen jedoch vollkommen aus.

Sagt Ihnen ein Programm von der Oberfläche und der Nutzerführung zu, fängt die Arbeit an. Natürlich erst, nachdem Sie es ehrlich erstanden und auf den Rechner gespielt haben. Auch wenn Sie zu denen gehören, die am liebsten allein lernen oder bereits erste Vorkenntnisse haben, empfehle ich den Kauf eines guten Buches und den Besuch eines Einführungsseminars. Computerprogramme wachsen mit der Zeit und bekommen von ihren „Vätern und Müttern" immer neue Anwendungsmöglichkeiten auf den Weg. Selbst Grafiker und DTP-Profis, die täglich mit ihnen arbeiten, kennen noch lange nicht alle Möglichkeiten und machen sich die Arbeit oft unnötig schwer.

Ein Beispiel ist die Funktion „Für Ausgabe sammeln" bei QuarkXPress. Jeder, der diesen Befehl kennt, liebt ihn – vor allem bei umfangreichen Projekten. Der Grund ist schnell erklärt: Quark sammelt auf diesen Befehl hin alle verwendeten Bilder und Grafiken als Kopie zusammen mit dem eigentlichen Dokument in einem eigenen Ordner. Dies ist dann nötig, wenn eine Datei für den Druck vorbereitet wird. Die Litho benötigt neben der Layoutdatei alle Zusatzdaten, also Schriften, Bilder und Illustrationen, um die Datei belichten zu können. Sobald irgendeine Datei fehlt, macht das Programm darauf aufmerksam und fordert zum heiteren Suchen auf. Darüber hinaus speichert Quark ein Textdokument, auf dem sämtliche verwendeten Bilder, Schriften und Xtensions, also Programmerweiterungen, dokumentiert sind. Dies ist dann wertvoll, wenn es zu Schwierigkeiten beim Öffnen der Datei auf anderen Rechnern kommt, weil eine bestimmte Xtension fehlt – was leider im Arbeitsalltag viel zu oft vorkommt.

Das Sammeln der Daten auf diese einfache und komfortable Weise bietet sich übrigens auch dann an, wenn sich im Laufe der Zeit zu viele mögliche Bilder und Illustrationen angesammelt und Sie den Überblick über die verwendeten Bilder verloren haben.

Leider kennen nicht alle Grafiker diesen kleinen Befehl und „sammeln" noch immer per Hand. Oft mit zweifelhaftem Erfolg – meist fehlen ein oder zwei Bilder, die dann für die Belichtung extra angefordert werden müssen.

4.1 Layout und Gestaltung am Computer

Der entscheidende Vorteil beim Einsatz des Computers liegt darin, dass die Zeitschrift nicht mit jeder Ausgabe neu erfunden werden muss. Durch die Definition von Musterseiten und Stilvorlagen im DTP-Programm werden die wesentlichen Merkmale wie Satzspiegel, Schriftart und -größe einmal festgelegt. Soll die Schriftgröße für bestimmte Textarten geändert werden, reicht es aus, die Änderung einmal in der Stilvorlage vorzunehmen – alle Texte werden vom Programm automatisch angepasst. Ähnlich sieht es bei den Musterseiten aus. Einzelne, immer wiederkehrende Aspekte der Seitengestaltung, wie beispielsweise die Pagina, sollten deshalb nur auf den Musterseiten geändert werden.

Trotz dieser praktischen Vorteile und der sich daraus ergebenden Arbeitserleichterung sind professionelle Satz- und Layoutarbeiten nicht zu unterschätzen. Neben dem richtigen Umgang mit dem Computer und den Programmen ist auch grafisches Wissen unabdingbar.

Einige Stolpersteine, wie fehlende Bilder, Bilder im RGB-Modus oder das Grundlinienraster, wurden bereits in anderen Kapiteln angesprochen. Weitere Stichworte sind Überfüllung, Farbkorrekturen an Bildern, Bildretusche und professionelle Freisteller. Um eine Zeitschrift anspruchsvoll zu gestalten, reicht es nicht aus, ein Programm gut zu beherrschen. Neben dem DTP-Programm sind Kenntnisse in Photoshop unabdingbar, um Bilder korrekt einzuscannen und zu bearbeiten. Dabei reicht es leider nicht aus, den Unterschied zwischen Graustufen, RGB und CMYK zu kennen. Wichtig ist beispielsweise auch der Tonwertzuwachs bei den Druckfarben und die Separationseinstellung.

Findet der Abstimmungsprozess digital per Mail statt oder soll das fertige Projekt als PDF-Datei im Internet hinterlegt werden, kommt als weiteres Programm Adobe Acrobat hinzu. Das gilt übrigens auch für die Fälle, in denen ein PDF-Dokument mit anderen Adobe-Programmen erstellt wird, die das Speichern des Dokuments als PDF ohne Umweg über den Distiller erlauben. Wer keine Dateien über 3,5 MB oder mehr verschicken möchte, sollte sich mit den verschiedenen Möglichkeiten, die das Programmpaket bietet, auskennen und die Vorgaben im Distiller dementsprechend einstellen.

Mit den wachsenden Möglichkeiten der Gestaltung am Computer ändern sich auch die Anforderungen an Grafiker und Layouter. Nicht alles ist immer so leicht umzusetzen, wie der Auftraggeber denkt oder es gern hätte. Kleinere Unebenheiten in Gesichtern sind leichter zu retuschieren als Logos. Und wer einmal ein Bild von einem störenden Motiv im Vordergrund befreit hat, weiß, wie lange ein Grafiker an einem Bild sitzen kann, bis ein zufriedenstellendes Ergebnis vorliegt. Bevor also der Wunsch aufkommt, ein Motiv kurz zu ändern oder zu verschönern, sollte vorab eine realistische Einschätzung des Arbeitsaufwandes und der Kosten eingeholt werden.

Gleiches gilt für das Gestalten der Seiten. „Mal eben" Texte anders zu setzen, neue Bilder zu platzieren oder bestehende doppelt so groß abzubilden, ist nicht innerhalb von drei Minuten möglich. Vor der Gestaltung steht also wieder mal das Briefing, in dem genau festgelegt werden sollte, welcher Beitrag mit welchen Motiven auf welche Seite gehört.

Durch Seitenspiegel, Rubriken und Stilvorlagen sind erste Vorgaben gegeben, ebenso durch die Art des Drucks. So können im Digitaldruck Bilder beispielsweise nicht im Anschnitt stehen – es wird nur der Bereich der Seite gedruckt, den auch Ihr Laser- oder Tintenstrahldrucker im Büro wiedergibt.

Im nächsten Schritt wird das Material gesichtet und auf Vollständigkeit hin überprüft. Schlechte Vorlagen, fehlende Texte oder Bilder werden ebenso bemängelt wie Texte, die bereits auf den ersten Blick zu lang oder zu kurz sind. Dann beginnt die Arbeit an den einzelnen Seiten: Aus dem vorhandenen Material werden Bilder und Illustrationen ausgesucht; der Grafiker lässt den Text einfließen, weist ihm die verschiedenen Stilvorlagen zu und experimentiert mit den zur Verfügung stehenden Gestaltungselementen. Spätestens in diesem Moment zeigt sich, ob sich der Redakteur an die vereinbarte Textlänge gehalten hat oder ob – aus welchen Gründen auch immer – Wunsch und Realität weit auseinander liegen. Wenn möglich, wird der Grafiker versuchen, das Zuviel oder Zuwenig des Textes durch die Gestaltung aufzufangen. Dies kann beispielsweise dadurch geschehen, dass Bilder vergrößert oder verkleinert werden – vorausgesetzt, die Daten liegen so vor, dass dies möglich ist. Die Darstellungsgrößen der Bilder sollten nicht in den DTP-Programmen angepasst werden, sondern in einem professionellen Bildbearbeitungsprogramm – auch wenn Quark und Co. diese Möglichkeit anbieten. Das Verzerren der Bilder sollte, ebenso wie der Einsatz von Neigungen und Drehungen, nur zum Ausprobieren dienen.

Sind die Möglichkeiten des Grafikers ausgeschöpft, ohne dass er ein zufriedenstellendes Ergebnis erreicht hat, geht der Text mit der Bitte um Überarbeitung zurück an den Redakteur. Da dieser ihn wiederum mit dem Herausgeber abstimmen muss, kann es zu längeren Verzögerungen kommen. Große Textänderungen im Layout sind mit Vorsicht zu genießen, vor allem wenn die Texte für weitere Verwendungszwecke archiviert werden. Zahlen, die im Layout korrigiert werden, im eigentlichen Textdokument aber unkorrigiert bleiben, können später für sehr viel Ärger sorgen.

Erst wenn alles stimmig ist, Bilder und Texte zueinander passen und eine optisch ansprechende Einheit bilden, erhält der Auftraggeber das Layout zur Freigabe. Um viel Hin und Her zu vermeiden, sollte er alle Seiten eines Heftes zusammen erhalten. So kann er sich nicht nur die Gestaltung der einzelnen Seiten anschauen, sondern auch die Gesamtwirkung der Zeitschrift.

Ob diese Abstimmung anhand eines Ausdruckes oder per Mail mit einem PDF-Dokument stattfindet, hängt von verschiedenen Faktoren ab. Beispielsweise von der Größe der PDF-Datei und dem technischen Knowhow des Auftraggebers. Für letzte Textkorrekturen bieten sich Ausdrucke ohne Hintergrundbilder und -flächen an, da sie die Konzentration auf den Text sehr schwächen.

Beliebte Fehler sind Trennungen mitten im Absatz, falsche Trennungen beim Umbruch, unterschiedliche Anführungszeichen, unterschiedliche Schreibweisen der Fachbegriffe und anderer interner Ausdrücke, falsche Rubriken, fehlender Text am Ende des Beitrags und, und, und ... Sie ahnen es: Auch für diesen Teil der Realisation schlage ich eine Checkliste vor.

Sind alle Seiten gestaltet und vom Auftraggeber freigegeben, geht es an die Reinzeichnung. In dieser Phase werden letzte Korrekturen und Ergänzungen eingefügt, Layoutfehler oder -unschönheiten ausgeglichen, Bilddaten und Überfüllungen überprüft. Ist alles perfekt, wird die Layoutdatei zusammen mit allen Bildern, Grafiken und Schriften für die Belichtung auf CD-ROM oder einem anderen Datenträger gespeichert.

Auch bei Datenaustausch zwischen Grafik und Litho gibt es einige Stolpersteine, die einen mittelschweren GAU auslösen können: angefangen bei unterschiedlichen Programmversionen – so hat noch längst nicht jede Litho oder Druckerei QuarkXPress 4 oder höher – bis hin zu kaputten Bilddaten oder Schriften. Planen Sie diese kleinen Katastrophen mit einem Zeitpuffer ein, dann sind Sie mit dem angestrebten Erscheinungstermin auf der sicheren Seite.

4.2 Belichtung und Proof

Während im Digitaldruck die Daten direkt in den Computer der Druckerei eingespeist werden, werden für das Offset-Verfahren Druckfilme benötigt. Die Belichtung der Daten geschieht in der Litho, die – je nach Ausstattung – direkt in der Druckerei angesiedelt sein kann. Als Ergebnis erhalten Sie vier seitenglatte Filme, auf denen Schrift, Grafik und Bildelemente nach ihren Farbanteilen separiert „ausgedruckt" werden. Spätestens hier zeigt sich, ob sich in der Layoutdatei noch irgendwo ein RGB-Bild versteckt hat, da die Ausgabe in den Farben Cyan, Magenta, Yellow und Karbon, also Schwarz, erfolgt.

Setzen Sie für die Gestaltung Ihrer Zeitschrift neben Schwarz eine Sonderfarbe, also einen HKS- oder Pantone-Ton, ein, benötigt der Drucker nur zwei Filme für den Druck. Von den vorliegenden Filmen werden im nächsten Schritt die Druckplatten hergestellt.

Bevor dies geschieht, sollten die Filme kontrolliert und freigegeben werden – eine Aufgabe, vor der sich viele gern drücken und die Verantwortung an den Dienstleister weiterreichen. Der Grund ist einfach: Die Ausgabe der Daten auf dem Film erfolgt in Schwarz. Durch die Separation in die verschiedenen Farben ist es für ungeübte Augen schwierig, sich einen Gesamteindruck zu verschaffen. Gerade bei der Filmabnahme ist jedoch der Blick für das Detail wichtig. Nehmen Sie sich einen Ausdruck der belichteten Seite hinzu und schauen Sie sich Farbflächen, Hintergründe und so weiter an. Wenn Sie die Filme übereinander legen, fallen grobe Details wie fehlende Hintergrundflächen auf. Bei der Betrachtung der einzelnen Filme können beispielsweise Unkorrektheiten bei Grafiken auffallen.

Wurde im DTP-Programm mit mehreren Ebenen gearbeitet, also der Text auf einem hellen farbigen Kasten platziert, der wiederum auf einem Hintergrundbild liegt usw., ist die Fehlerwahrscheinlichkeit umso höher.[14]

Sind Sie sich unsicher, können Sie sich die Filme gemeinsam mit dem Drucker ansehen und alle Fragen mit ihm besprechen. Er hat nicht nur mehr Erfahrung – in den meisten Fällen wird er dafür dankbar sein, dass Sie sich mit dem Thema Filmabnahme beschäftigen.

Sollten Sie sich erfolgreich davor drücken können, benötigt die Litho oder der Drucker unbedingt einen Ausdruck Ihrer Layoutdatei, damit er das gewünschte Ergebnis mit den Filmen vergleichen kann. Auf diesen Ausdruck wird gern verzichtet, wenn die Daten per ISDN übertragen werden oder weil die Versandtaschen für die CD so schön praktisch sind. Das Argument, die Daten können ja vor Ort ausgedruckt werden, überzeugt nicht. Zum einen dient Ihnen dieser letzte Ausdruck noch einmal der Kontrolle, ob

---

[14] Womit wir wieder ein Argument mehr für Profis bei der Umsetzung haben.

wirklich alle Korrekturen durchgeführt sind, die Bildrahmen alle einheitlich stark sind und so weiter. Zum anderen kann bei dem Datenaustausch einiges schief gehen, womit Sie nicht rechnen und was der Lithograf nicht beurteilen kann, wenn er keine verbindliche Vorlage hat.

Gerade wenn Sie die Verantwortung an Ihren Dienstleister weitergeben, sollten Sie die möglichen Fehlerquellen so gering wie möglich halten. Klären Sie in solchen Fällen unbedingt ab, wer für die Mehrkosten aufkommt, wenn etwas schief geht. Die Ursache für die fehlerhafte Ausgabe muss gesucht und behoben, neue Filme müssen belichtet und kontrolliert werden.

Eine weitere Kontrollinstanz vor dem Druck ist der Proof, der anhand der Druckfilme oder digital erstellt wird. Letzterer ist kostengünstiger als das konventionelle Proofverfahren, hat aber den Nachteil, dass die Farben nicht verbindlich dargestellt werden. Zwar gibt es auch beim herkömmlichen Proofverfahren keine hundertprozentige Farbverbindlichkeit, das Proof liegt jedoch nahe beim Endergebnis.

Immer mehr Druckereien setzen auf Computer-to-plate, CTP, und verzichten so auf den Umweg der Filmbelichtung. Dabei wird die digital erstellte Druckvorlage durch zeilenweise Laserbelichtung direkt auf die Druckplatte belichtet. Voraussetzung ist, dass alle Elemente einer Seite – also Texte, Grafiken, Anzeigen etc. digital vorliegen. Die Endkontrolle der Dateien erfolgt auf dem Bildschirm des Redakteurs bzw. in der Druckerei. Durch dieses Verfahren lassen sich Zeit und Kosten sparen.

Wenn Ihre Anzeigenkunden oder der Herausgeber auf größtmögliche Farbtreue Wert legt, sollten Sie beim Andruck vor Ort sein. Nehmen Sie sich ein farbverbindliches Muster mit, das auch in der Papierqualität der späteren Zeitschrift nahe kommt. Farbe wirkt nicht nur auf verschiedenen Papieren unterschiedlich, Sie haben auch einen Beweis in der Hand, dass das von Ihnen gewünschte Ergebnis auf genau diesem Papier erreicht werden kann – was Ihnen im Zweifel endlose Diskussionen ersparen kann.

Auch wenn Sie mit Argusaugen beim Andruck die Farben verglichen haben, wird es innerhalb der Auflage leichte Farbabweichungen geben, da mal mehr und mal weniger Farbe aufgetragen wird. Diese Toleranzen sind normal und nicht zu verhindern. Sollten zu große Abweichungen entstehen oder aus gelben Flächen grüne werden, ist es Zeit für ein Gespräch mit dem Drucker.

Auch beim Digitaldruck kann einiges schief gehen, egal ob schwarzweiß oder farbig gedruckt wird. Angefangen von Logos oder anderen Illustrationen, die nicht mitgedruckt werden, bis hin zu Grauflächen, die nicht wiedergegeben werden, weil sie zu hell angelegt sind. Auch hier hilft ein Ausdruck zum Vergleich vor Ort oder die Freigabe eines gedruckten Exemplars.

Der Digitaldruck bietet sich vor allem für kleinere Auflagen an, die entweder schwarz-weiß oder mit feststehenden farbigen Flächen gedruckt werden, die vorproduziert werden können. Druckereien bieten mittlerweile auch Digitaldruck in 4c oder mit Sonderfarben an, in den meisten Fällen ist der Offsetdruck jedoch günstiger. Vergleichen lohnt also auf jeden Fall. Die meisten Zeitschriften, Bücher, Zeitungen und Prospekte werden im Offset-Verfahren gedruckt, wobei die Kosten pro Exemplar mit der Höhe der Auflage abnehmen.

Glänzend oder matt – Papier wirkt!

Papier ist nicht gleich Papier. Unterschieden wird zwischen holzhaltigen und holzfreien Papieren, Recyclingpapieren und Papieren, die aus Leinen- und Baumwollabfällen produziert werden. Welches Papier für Ihr Magazin geeignet ist, hängt von verschiedenen Kriterien ab. Möchten Sie mit dem Papier glänzen oder lieber durch Recyclingpapier Ihr Umweltbewusstsein demonstrieren? Welche Papierart passt zu Form und Inhalt? Bei einem Magazin, das den Schutz der Wälder thematisiert, ist eher ein Recyclingpapier angebracht. Werden die Inhalte durch großzügige Farbfotos unterstrichen, ist die Abbildungsqualität ein wichtiges Entscheidungskriterium.

In den meisten Fällen schlägt Ihnen Ihr Dienstleister – sei es die Agentur oder die Druckerei – ein Papier vor. Je besser Sie Ihrem Ansprechpartner vermitteln, worauf es Ihnen bei Ihrem Magazin ankommt, um so eher wird er Ihnen das passende Papier empfehlen können. Möchten Sie Ihr Magazin per Post verschicken, sollten Sie das mitteilen, um spätere Überraschungen beim Porto zu vermeiden.

4.3 Probleme im Vorfeld vermeiden – Tipps aus der Praxis

Die Produktion einer Zeitschrift ist zeitaufwändiger als viele glauben. Sehr oft wird der Fehler gemacht, einfach mal drauflozuarbeiten oder bestehende Terminpläne nicht ernst zu nehmen. Dies gilt leider auch für Ansprechpartner, die gelernt haben, dass Agenturen oder Redakteure zusammen mit der Grafik immer ein wenig mehr Zeit einplanen als unbedingt notwendig ist. Werden diese Zeitpuffer von Anfang an verplant, sind sie unnütz – sollte es wirklich einmal irgendwo klemmen, stehen sie nicht mehr zur Verfügung, und es kommt zu unnötigen Schwierigkeiten.

Bei der Erstellung des für alle verbindlichen Zeitplans bietet es sich an, von hinten anzufangen: Wann soll das Heft erscheinen? Wie lange braucht die Druckerei? Wie lange die Litho, die Grafik und so weiter? Kalkulieren Sie nicht zu knapp – es gibt immer wieder Schwierigkeiten oder Verzögerungen, weil Ansprechpartner krank sind oder es gerade Probleme im Unternehmen gibt, die einfach mal vorgehen müssen. Je knapper die Zeit für alle Aufgaben ist, umso mehr Fehler werden sich einschleichen und das Gesamtergebnis verschlechtern.

Die Ansicht, dass der Drucker die fehlende Zeit schon wieder einholen könne, stellt sich nicht immer als richtig heraus. Auch Druckereien haben Termine, die sie einhalten müssen – nicht nur Ihnen gegenüber. Als guter Unternehmer wird Ihr Ansprechpartner in der Druckerei darauf achten, dass die Maschinen möglichst ausgelastet sind. Ein Tag verspätete Druckabgabe bringt auch seinen Terminplan durcheinander. Im Zweifel müssen Sie warten, bis sich eine Lücke in seinem Terminkalender ergibt oder sich ein anderer Kunde als unzuverlässig erweist. Natürlich können auch Sie nicht allen Problemen vorbeugen und alle Unabwägbarkeiten bedenken. Ein paar Tricks gibt es allerdings schon, um grobe Verzögerungen zu vermeiden.

Langfristige Themenpläne

Denken Sie zu Ostern schon an Weihnachten! Die Themenplanung für Ihr Magazin kann das ganze Jahr über kontinuierlich stattfinden, auch wenn die aktuelle Ausgabe immer die wichtigste ist. Dennoch gibt es immer wieder Ideen und Termine, die es wert sind, festgehalten zu werden. Fällt Ihnen nach Weihnachten ein Thema ein, das Sie gut redaktionell hätten aufgreifen können, dann schreiben Sie es direkt in den Themenplan für die nächste Weihnachtsausgabe. Gab es einen Anlass für diese Idee, beispielsweise einen Zeitungsartikel, dann notieren Sie sich alle wichtigen Daten oder machen Sie sich eine Kopie. Was sich hier übertrieben liest, hat sich im Arbeitsalltag bewährt. Denn nach einigen Monaten werden Sie sich weder an Ihre Idee noch an die Hintergrundinformation erinnern können. Wobei wir beim nächsten Tipp wären: Bauen Sie sich ein umfangreiches und gut strukturiertes Archiv auf. Zahlen, Fakten, Hintergründe, aber auch Unterhaltsames oder Kurioses haben Sie auf diesem Weg immer griffbereit. Der Vorteil: keine langen Recherchen, viele Themenideen und immer einen kleinen Lückenfüller, wenn es nötig sein sollte.

Stehsatz gegen Textausfall

Ein immer wieder auftauchendes Problem sind ungefüllte Seiten – seien sie dadurch zustande gekommen, dass ein Text aus politischen oder strategischen Gründen doch nicht ins Heft genommen werden kann, sei es, weil eine fest eingeplante Anzeigenschaltung nicht zustande gekommen ist. Hier bietet sich Vorratshaltung besonderer Art an: Jedes Unternehmen bietet Produkte oder Serviceangebote an, die immer thematisiert werden können –

unabhängig von der Jahreszeit oder wichtigen Branchenterminen. Diese Themen können als Stehsatz vorbereitet und im Notfall unproblematisch eingesetzt werden. Dazu sollten sie leicht zu kürzen sein und keine aktuellen Daten enthalten, deren Überprüfung aufwändig ist. Optimalerweise halten Sie auch das infrage kommende Bildmaterial bereit, sodass die Grafik und das Lektorat schnell und unkompliziert reagieren können. Um auf Nummer sicher zu gehen, sollten Sie zwei bis drei Texte mit unterschiedlichen Längen parat haben. Sobald einer dieser Beiträge verwendet wurde, wird ein neuer erstellt.

Neben diesem Stehsatz sollte der Themenplan immer einige Alternativthemen aufweisen, die dann recherchiert werden können, wenn sich ein Beitrag als unrealisierbar herausstellt. Oft bietet es sich an, diese Themen von Anfang an mitzubearbeiten, um sie dann später als Stehsatz zu verwenden.

Auch wenn sich dieses Vorgehen erst einmal nach unnötiger Arbeit anhört, die Sie bezahlen müssen – spätestens, wenn das erste Mal zwei freie Seiten schnell gefüllt werden müssen, werden Sie von dieser Vorgehensweise überzeugt sein.

Kommt es dennoch zu Verzögerungen, ist der Terminplan damit nicht augenblicklich hinfällig. Im Gegenteil: Jetzt ist noch mehr Konzentration gefragt. Denn die verlorene Zeit muss ja an einer anderen Stelle wieder eingespart werden, um den Erscheinungstermin nicht zu gefährden. Dessen Einhaltung wird spätestens von den Anzeigenkunden eingefordert, ist aber auch bei anderen Terminen wichtig. Angefangen von Messebeteiligungen bis hin zu Angebotswochen, Jubiläen oder anderen Events – ist der Termin erst einmal verstrichen, interessiert sich niemand mehr für seine Ankündigung.

Aber auch Kunden, und damit die Leser der Zeitschrift, nehmen auf Dauer keine Publikation ernst, die nach eigenem Gutdünken erscheint. Unpünktlichkeit geht auch in diesem Fall auf den Herausgeber zurück und signalisiert Unzuverlässigkeit, die dem Image eher schadet als nutzt.

Profis statt Billiganbieter

Bei der Planung und der Umsetzung einer Zeitschrift kann einfach viel zu viel schief gehen. Angefangen bei einer unschönen Gestaltung, weil Ihr so genannter Grafiker zwar ein Layoutprogramm hat, aber beispielsweise nichts mit dem Begriff Grundlinienraster anfangen kann, bis hin zu Fehlern bei Belichtung und Druck. Ein RGB-Bild oder eine andere fehlerhafte Datei im gesamten Heft kann Ihnen mehr Ärger bereiten als die ganze bisherige Vorbereitung – weil es sich einfach nicht belichten lässt. Je nachdem, wie viele Bilder sich auf der Seite befinden, geht das fröhliche Suchen los.

Grafiker sind nicht Grafiker und Texter nicht Texter – mit dem wachsenden Angebot an Medien haben sich verschiedene Berufsschwerpunkte herauskristallisiert. Wer Internetseiten gut gestalten kann, muss noch lange nicht wissen, was er bei der Zeitschriftenproduktion zu berücksichtigen hat. Um bei den Bildern zu bleiben: Internetseiten benötigen Bilder mit geringerer Auflösung im RGB-Format, alle gedruckten Medien hingegen hochauflösende Bilder im CMYK-Modus.

Gleiches gilt für Texter: Die einen sind sehr gut im Texten von Werbebotschaften, andere sind eher journalistisch talentiert. Nicht umsonst hält sich das Vorurteil, dass Bücher, die von Journalisten geschrieben werden, nicht mehr als fünfzig Seiten haben – danach geht ihnen die Puste aus.[15]

Das Angebot an Journalisten und Grafikern hat in den letzten Jahren kontinuierlich zugenommen. Was nicht zuletzt daran liegt, dass beide Berufsbezeichnungen nicht geschützt sind. Die weitläufig herrschende Meinung, jeder könne schreiben, und wer sich ein wenig mit dem Computer auskennt und sich ein paar Zeitschriften anschaut, könne auch gestalten, hat weitere hoffnungsvolle Anbieter auf den Markt geschwemmt. Diese arbeiten, aufgrund mangelnder Erfahrung und Ausbildung, weitaus günstiger als Profis. Dafür fehlt es ihnen aber auch am Wichtigsten: dem Knowhow. Suchen Sie Ihre Profis deshalb nach zuvor aufgestellten Kriterien aus.

---

[15] Eines der Gegenbeispiele halten Sie gerade in der Hand.

Lassen Sie sich Arbeitsproben zeigen und fühlen Sie den Bewerbern auf den Zahn.

Manchmal hilft schon eine ganz simple Frage. Auf der Suche nach einem Grafiker hat eine Agentur, für die ich seinerzeit gearbeitet habe, als eine Voraussetzung Kenntnisse in QuarkXPress angegeben. Wie erwartet kamen viele Anrufe von Studenten oder Arbeitslosen, die sich als Grafiker berufen fühlten. Auf das Layoutprogramm angesprochen, minimierte sich die Zahl der potenziellen Kollegen erheblich. Ein Bewerber konterte sogar mit der Gegenfrage: „Meinen Sie das Milchprodukt?"

Bauen Sie Ihr eigenes Wörterbuch auf

Produkte und Dienstleistungen haben ihre eigene Schreibweise, die sich im Lauf der Zeit manchmal ändert. Manche Wörter werden in Versalien geschrieben, Eigennamen werden nicht gekoppelt oder ohne Leerschritt aneinander gehängt. Die Marketingabteilungen vieler Unternehmen zeigen sich bei Namensfindung und -schreibung sehr kreativ. Hinzu kommen verschiedene Möglichkeiten aufgrund der neuen Rechtschreibung, unterschiedliche Schreibweisen bei Zahlen – mit kleinem Leerschritt oder Punkt – sowie die Wahl zwischen diversen Anführungszeichen, die der Computer zur Verfügung stellt.

Wenn Sie sichergehen möchten, dass die Schreibweisen einheitlich sind, hilft ein kleines unternehmenseigenes Nachschlagewerk, das Redakteuren und Lektoren zur Verfügung gestellt und regelmäßig aktualisiert wird. Darin können auch eigene Rechtschreibregeln festgelegt werden, wie beispielsweise die Koppelung von Wörtern, Bausteine für Produktnamen, festgelegte Redewendungen und eine Auflistung aller Tabu-Wörter, die in keinem Text auftauchen sollten. So gewappnet, kann eigentlich (fast) nichts mehr schief gehen.

Stellen Sie die aktualisierte Fassung in regelmäßigen Abständen zur Verfügung und notieren Sie am besten schon auf dem Deckblatt, um welche

Ausgabe es sich handelt und zu welchem Zeitpunkt sie verteilt wurde. Ansonsten laufen Sie Gefahr, dass irgendwann mit vier verschiedenen Ausgaben gearbeitet wird, die unterschiedliche Regelungen und Schreibweisen vorschlagen.

Warnen Sie Ihre Dienstleister vor

Auch wenn Ihr Magazin regelmäßig erscheint, ist es nicht für alle der Mittelpunkt der Welt. Druckereien, LetterShops und andere Anbieter warten nicht sehnsüchtig auf Ihren Auftrag, sondern haben weitere Kunden. Sie können deshalb nicht erwarten, dass der Drucker Papier automatisch auf Vorrat hat oder die Maschinen zu einem bestimmten Termin freihält, weil er sich ja hätte denken können, dass Ihr Auftrag an diesem Tag kommt.

Sobald Sie absehen können, wann Ihr Heft in den Druck gehen und wann es verschickt werden kann, sollten Sie deshalb mit allen beteiligten Dienstleistern Termine absprechen – und sich auch daran halten. Denn wann Ihr Magazin gedruckt wird, hängt von Ihnen und Ihrer realistischen Terminplanung ab. Womit wir wieder bei den Zeitplänen und den Zeitpuffern sind. Rechnen Sie damit, dass sich Seiten nicht belichten lassen, Sie mit dem Proof nicht zufrieden sind oder sonst etwas Unvorhersehbares passiert. Irgendetwas passiert immer. Ob dieses Problem dann als kleine Herausforderung oder als Super-GAU in die Geschichte Ihres Magazins eingeht, liegt an der guten Vorbereitung und Abstimmung aller Beteiligten. Freie Grafiker, die nach der Abgabe der Druckdaten ohne Handy in den Urlaub fahren, sollten unter diesen Gesichtspunkten durchaus als Risikofaktor betrachtet werden.

Sichern Sie die Daten

Dieser Rat hört sich altklug an, ich weiß. Ich weiß aber auch, was passieren kann, wenn ein Back-up immer weiter verzögert wird. Die Gefahren sind vielfältig – Feuer, Einbruch, kompletter Computerabsturz oder die berühmte Tasse Kaffee, die diesmal an der falschen Stelle geleert wurde. Daten gehen manchmal auch ohne ersichtlichen Grund kaputt. Wohl dem, der die bisher geleistete Arbeit noch einmal an einem sicheren Ort gespeichert hat.

Wird das Layout oft geändert, weil es einem beziehungsweise dem Verantwortlichen im Unternehmen nicht zusagt, ist es sinnvoll, die Zwischenschritte zu speichern. Irgendwann, so zeigt die Erfahrung, landet man wieder in der Nähe des ersten Vorschlags. Grafiker, die dann noch freundlich reagieren, haben wahrscheinlich Weitsicht gezeigt und die Datei aufgehoben.

Alte Ausgaben sollten Sie digital archivieren. Oft können die Themen in anderen Zusammenhängen weiterverwendet werden – beispielsweise für Case Studies im Rahmen der Pressearbeit – oder Fotos werden zu einem späteren Zeitpunkt von einer anderen Abteilung gebraucht. Aus diesem Grund bietet es sich an, nicht nur die gestalteten Hefte, sondern auch die einzelnen Texte zu archivieren. So entfällt lästiges Abtippen; die Beiträge können schnell und unkompliziert weiterbearbeitet oder anderen Kollegen beziehungsweise der Presse zur Verfügung gestellt werden.

Irgendwann haben sich so viele Ausgaben angesammelt, dass niemand mehr genau weiß, wann welches Thema wie behandelt wurde. Es gibt verschiedene Methoden, ein Archiv aufzubauen, das eine Volltextsuche in allen bisher erschienenen Ausgaben erlaubt. Möglich ist dies beispielsweise mit Adobe Acrobat. Das Programm erlaubt nicht nur die Suche nach bestimmten Begriffen, sondern auch nach sinnverwandten Wörtern in mehreren PDF-Dokumenten gleichzeitig. Weiterer Vorteil: Sie können Seiten unkompliziert einzeln abspeichern, mehrere Beiträge zu einem neuen Dokument zusammenfügen und per E-Mail verschicken. Da beinahe jeder den kostenlosen Acrobat Reader zur Verfügung hat, können Sie bei Anfragen mit der Servicekarte trumpfen.

Rechnen Sie mit dem „DAU"

Egal in welchem Bereich Sie sich mit der Konzeption oder Umsetzung der Kundenzeitschrift beschäftigen: Seien Sie immer auf den „DAU" vorbereitet. Der „dümmste anzunehmende User" ist in allen Abteilungen und Gebieten anzutreffen. Er möchte mitreden, wo er nichts zu sagen hat, und entscheiden, wo er nicht gefragt wird. Treffen Sie im Bereich DTP auf ihn, kann es sein, dass er mit einem Knopfdruck alle Daten löscht. In der Redaktion möchte er vielleicht kurz vor Textabgabe den gesamten Themenplan umwerfen oder die Sprache ist ihm nicht werblich genug.

Das wirklich Ärgerliche ist aber, dass er sich nicht ausrotten lässt – Sie werden ihm immer wieder mal begegnen und mit ihm diskutieren. Manchmal sogar mit Erfolg – bei allen anderen hilft nur eins: lächeln und sich in Geduld üben. Manchmal fällt der Groschen eben langsam ...

5 Erreichen Sie Ihre Leser? Die Erfolgskontrolle

> „Alle Konzepte, die man sich ausdenkt,
> verhindern am Ende die Fähigkeit,
> überhaupt Erfahrungen zu machen."
> *Sam Shepard (*1943),
> amerikanischer Schriftsteller*

Gerade weil der Erfolg von Kundenzeitschriften nicht immer eindeutig bestimmbar ist, sollten ihr Inhalt und ihre Ausrichtung regelmäßig überprüft werden. Viel zu leicht und zu schnell werden die Ausgaben an den Interessen der Leser vorbei produziert, weil Herausgeber und Redaktion sich nur um die Ziele des Unternehmens Gedanken machen. Dann stehen Verkaufsförderung und Image im Vordergrund, Themen werden nur von einer Seite betrachtet oder die Sprache lässt als Absender eindeutig die Marketingabteilung erkennen.

Bei all der Konkurrenz auf dem Zeitschriftenmarkt kann diese Denkart mehr schaden als nutzen. Denn auch wenn das Unternehmen mit der Herausgabe der Kundenzeitschrift ein ganz konkretes Ziel verfolgt, geht es letztendlich um den Kunden. Und damit um die Frage, was der Leser von der Zeitschrift erwartet. Weckt sie in der vorliegenden Form das Interesse der Kunden? Blättern die Leser einmal gelangweilt darin rum, werden die Beiträge wirklich gelesen – oder landet Ihre Arbeit unbeachtet im Altpapier, weil der Inhalt uninteressant ist und das Heft von der Aufmachung her den Leser eher verschreckt?

Auch wenn das Layout der Zeitschrift mal topmodern war und Sie die Sprache Ihrer Zielgruppe getroffen haben, können Sie heute an Ihren

Kunden vorbei produzieren. Und das nicht nur, weil sich Trends ändern – auch Ihre Kundenstruktur ändert sich stetig.

Wenn Sie Ihr Geld nicht in den Sand setzen möchten, sollten Sie regelmäßig Ihre Leser zu Wort kommen lassen, beispielsweise durch eine Leserbefragung. Allerdings hat die nur dann einen Sinn, wenn das Ergebnis nicht schon mit der Formulierung der Fragen feststeht und das Unternehmen wirklich bereit ist, auf die Ideen und Vorschläge der Leser einzugehen.

5.1 Treten Sie in den Dialog!

Stillstand ist für viele Unternehmen der Tod. Dies gilt auch bei Kundenmagazinen. Ihre Zielgruppe ändert sich ebenso wie die Produktvielfalt Ihres Unternehmens. Leider bewegt sich diese Entwicklung nicht immer im Gleichschritt. Je enger der Dialog zwischen Ihnen und Ihrer Zielgruppe ist, umso weniger laufen Sie Gefahr, an Ihren Kunden und deren Interessen vorbei zu publizieren. Abgesehen von einer regelmäßigen Leserbefragung sollten Sie deswegen weitere Dialogangebote in Ihr Magazin integrieren und das gesamte Konzept spätestens alle drei Jahre auf den Prüfstand stellen.

Findet eine solche Überprüfung nicht statt, bleiben die Zielgruppen nicht nur unscharf, sondern verschwimmen immer mehr. Nicht mehr der Leser, das Unternehmen und seine Eigendarstellung stehen in solchen Zeitschriften im Mittelpunkt. Dringend notwendige inhaltliche und formale Kurskorrekturen werden wegen mangelnder Kenntnisse unterlassen; das Heft dümpelt vor sich hin und erreicht weder sein Kommunikationsziel noch seine Leser.

Leider scheuen sich viele Unternehmen vor Leserbefragungen und führen sie nur widerwillig, wenn überhaupt, durch. Sehr oft steht in solchen Fällen das Ergebnis schon fest, bevor auch nur ein Leser die Fragen beantwortet hat. In anderen Fällen liegt die Responsequote dermaßen niedrig, dass sich Herausgeber und Redaktion die Frage stellen müssen, ob ihr Magazin überhaupt von irgendwem gelesen wird. So oder so: Leser, die sich die

Mühe machen, Ihnen Anregungen und Kritik mitzuteilen, sind am Dialog interessiert. Natürlich müssen Sie nicht jede Anregung dankbar umsetzen, zumindest sollten Sie aber nach Auswertung der Befragung das Ergebnis veröffentlichen – und zwar möglichst ungeschönt. Dabei können Sie durchaus auch darauf eingehen, welche Anregungen umgesetzt werden, über welche noch nachgedacht werden wird und weshalb einige Vorschläge für Sie nicht infrage kommen.

Wenn Ihr Kunde antwortet: Leserbriefe

Eine andere beliebte Möglichkeit, um Lob, Kritik oder Anregungen zu verteilen beziehungsweise zu erhalten, sind Leserbriefe. Grundsätzlich sollten Sie alle eingehenden Briefe beantworten – egal ob sie per Post, Fax oder Mail eintreffen. Kunden, die Ihnen schreiben, zeigen damit ein langfristiges Interesse an der Kommunikation. Ihnen nicht zu antworten heißt nichts anderes, als dass Sie am Absender nicht interessiert sind. Kunden nehmen dies mit Recht übel.

Dabei können Sie von den eingehenden Leserbriefen doppelt profitieren. Selbst dann, wenn es sich um einen unzufriedenen Kunden handelt. Denn durch den persönlichen Kontakt zum Absender zeigen Sie Interesse an seinen Wünschen und Reklamationen – der Kunde fühlt sich ernst genommen und gibt Ihnen beziehungsweise Ihrem Unternehmen eine weitere Chance. Zum anderen können Sie die Leserbriefe dazu nutzen, weitere Beschwerden im Vorfeld abzuwehren und sich als serviceorientiertes Unternehmen zu präsentieren.

Richten Sie eine Leserbrief-Ecke in Ihrem Magazin ein und drucken Sie dort Briefe und Antworten ab, die auch für andere interessant sein könnten. Das gilt auch für kritische Zuschriften. So beugen Sie nicht nur dem Eindruck eines „Gut-Wetter-Heftes" vor: Mit dem Abdruck der Antwort können Sie gezielt Informationen über den Hintergrund beispielsweise einer schlechten Produktqualität streuen. Oder Sie fangen Unzufriedenheit mit Ihren Angeboten, die durch Missverständnisse oder Unwissenheit über Produkte, Service und so weiter entstanden ist, auf breiter Basis auf. Denn wenn Herr Müller ein Problem mit einem Ihrer Produkte hat, können Sie davon ausgehen, dass Herr Schmidt ein ähnliches Problem haben dürfte.

So gesehen sind Reklamationen nichts anderes als ein Frühwarnsystem, das Sie ernst nehmen sollten. Und durch den Abdruck kritischer Zuschriften können Sie sich obendrein als offenes Unternehmen präsentieren – was natürlich nicht gleichbedeutend damit sein kann, dass grundsätzlich jeder Leserbrief in voller Länge abgedruckt wird.

Leserbriefe sollten, wie alle anderen Beiträge in der Zeitschrift auch, redigiert werden. Kürzungen, auch wenn sie von den Schreibern ungern hingenommen werden, straffen den Inhalt und vermeiden unnötige Längen. Rechtschreib- und Grammatikfehler sollten korrigiert, inhaltliche Unverständlichkeiten in Rücksprache mit dem Absender korrigiert werden. Da die Redaktion die presserechtliche Verantwortung für die veröffentlichten Briefe übernimmt, müssen Inhalte und Absender überprüft werden. Damit kann sich der Leserbriefautor zwar nicht aus der Verantwortung ziehen, die Redaktion kann aber im Falle eines Falles straf- und zivilrechtlich belangt werden. Bevor Leserbriefe abgedruckt werden, muss geprüft werden, ob sie Gewalt verherrlichen, zum Hass gegen Teile der Bevölkerung aufrufen, ehrverletzende Angriffe gegen Weltanschauungen oder Religionen enthalten, die Wehrkraft zersetzen oder falsche Tatsachen verbreiten.

Bevor Sie einen Brief von einem prominenten Leser veröffentlichen, der Ihr Unternehmen oder Ihre Produkte lobt – greifen Sie zum Telefon und fragen nach, ob der Brief wirklich von ihm stammt. Nichts ist heute leichter, als Briefpapier nachzuahmen und – sei es auch ohne böse Absicht und schlechte Hintergedanken – mit einem gefälschten Brief für Unruhe und viel Ärger in der Redaktion zu sorgen.

Machen Sie aus Ihren Lesern Schreiber

Sie stellen Präsentationssysteme für Verkaufsräume her oder haben soeben eine neue Grafiksoftware auf den Markt gebracht? Dann können Sie Ihren Lesern natürlich mit PR-Texten die theoretischen Vorzüge Ihrer Produkte nahe legen. Oder aber Sie lassen die Leser selbst zu Wort kommen und rufen dazu auf, Tipps und Tricks, Erfahrungen, Anregungen oder Fragen an die Redaktion zu schicken. Ihre Kunden kennen die Vor- und Nachteile Ihrer Produkte – und Ihres Unternehmens – besser als Ihnen vielleicht lieb ist. Dies muss allerdings kein Nachteil sein, im Gegenteil. Leserforen und Debatten belegen nicht nur Ihr Interesse an den Kunden, sie können auch wertvolle Anregungen für die Produktentwicklung geben. Wo sonst bekommen Sie so unverblümt eine Antwort auf die Frage, welche Wünsche und Anforderungen ein Grafiker an die Software stellt und mit welchen Problemen er sich tagtäglich herumschlägt?

Auch bei einer breiter definierten Zielgruppe kann ein Leserforum ein äußerst erfolgreiches Medium sein, wie beispielsweise die *taz* mit ihren „Letzten Fragen" regelmäßig beweist. Da diskutieren Leser heftigst darüber, warum das Böse interessanter ist als das Gute oder wie dieses Gummi-Ding heißt, mit dem man Abflüsse reinigen kann.

Als kostengünstige Alternative zu eigenen Beiträgen bieten sich diese Foren allerdings nicht an, im Gegenteil: Auch wenn es auf den ersten Blick nicht so scheint, ist mit ihnen viel Arbeit verbunden. Zunächst muss ein spannendes Thema gefunden werden, mit dem möglichst viele interessante Zuschriften generiert werden. Nichts ist ärgerlicher, als zu einer Diskussion aufzufordern, die hinterher mangels Interesse nicht geführt wird. Der Aufruf zur Debatte muss deutlich und klar im Heft positioniert werden und die Spielregeln – also Einsendeschluss, maximale Länge, voraussichtliche Veröffentlichung der Beiträge usw. – enthalten. Wie bei den Leserbriefen auch, müssen die eingehenden Texte redigiert und geprüft werden. Die Magazinseiten müssen mit den ausgewählten Beiträgen interessant gestaltet werden. Dazu können beispielsweise Zitate hervorgehoben oder Bilder eingebaut werden. Autoren abgelehnter Beiträge sollten angeschrieben oder angerufen und die Nichtveröffentlichung begründet werden, damit sie sich beim nächsten Aufruf erneut beteiligen.

Locken Sie die Leser auf Ihre Website

Auch Zeitschriften bieten nur begrenzten Platz, um Themen zu behandeln. Oft kommen dabei Facetten zu kurz, die Ihre Leser interessiert hätten. Oder die Redaktion hat schlicht den falschen Schwerpunkt bei der Berichterstattung ausgewählt, und der Leser ist wieder einmal vom Heft enttäuscht. Freuen Sie sich, wenn er den Text zumindest so weit angelesen hat, dass er den Hinweis auf weitere Informationen im Internet wahrnimmt.

Nutzen Sie Ihre Website zur Kundenbindung, indem Sie Hintergrundinformationen und Links zu weiterführenden Sites zur Verfügung stellen. Oder laden Sie an bestimmten Tagen zum Chat mit Experten ein. Alle Aktivitäten auf Ihrer Website können Sie dank modernster Technik leicht beobachten. So wissen Sie, wie oft und wie intensiv Ihre Kunden sich für ein bestimmtes Thema interessiert haben, welche Facetten besonders spannend waren – oder welche Beiträge niemanden an den Computer gelockt haben.

Eine weitere Möglichkeit, die digitalen Möglichkeiten der Information zu nutzen, bieten E-Mails. Nutzen Sie Autoresponder, um Ihren Kunden gezielt weiterführende Informationen zu bieten. Vielleicht kennen Sie dieses Prinzip von den automatischen Urlaubsbenachrichtigungen: Ihre Leser schicken eine leere Mail an eine für das Thema eingerichtete E-Mail-Adresse und erhalten automatisch eine Antwort-Mail mit den gewünschten Informationen. Und Sie haben den Überblick, wie oft die verschiedenen Themen nachgefragt wurden.[16]

Wenn Ihre Zielgruppe eher die klassischen Medien nutzt, können Sie

---

[16] Mehr dazu verrät Dirk Ploss in seinem „Handbuch E-Mail-Marketing".

neben dem Faxabruf auch den Postweg für den Informationsabruf nutzen. Bieten Sie Ihren Lesern an, Prospekte, Broschüren und anderes durch die Einsendung eines frankierten Rückumschlags abzurufen. Sie werden erstaunt sein, wie gern solche Angebote auch heute noch angenommen werden – vor allem, wenn die angeforderten Informationen kostenlos sind.

Fordern Sie zum Dialog auf!

Viele Unternehmen lehnen das Dialogangebot per E-Mail, Telefon oder Fax ab. Mitarbeiter, die auf diesem Weg von ihren Kunden angesprochen werden, müssten reagieren – würden also aus ihrem Arbeitstrott herausgerissen und mit dem Wesen konfrontiert, das im Mittelpunkt und damit im Weg steht: dem Kunden.

Dabei können über den Dialog gesammelte Kundendaten nicht nur Auskunft über den Leser und seine Vorlieben geben, sondern für weitere Aktionen eingesetzt werden. Dennoch nutzt nur ein kleiner Teil der Firmen die Kundenmagazine dazu, wertvolle Kundendaten zu generieren, selbst wenn die Zeitschrift als Dialoginstrument erkannt wurde und der Herausgeber Befragungen oder Gewinnspiele durchführt. Der Großteil der Daten wird nach der Verlosung nicht mehr genutzt, obwohl die Antwortkarten und Fragebögen oft wertvolle Informationen über das unbekannte Wesen Kunden enthalten.

Beschenken Sie Ihre Leser!

Neben diesen klassischen Angeboten gibt es noch eine Reihe weiterer Dialogangebote, die die Kundenbindung und -loyalität fördern. In diesem Zusammenhang sei noch einmal an die Zeitschrift *Der Vermögensberater* erinnert, die es den Lesern durch personalisierte Antwortcoupons denkbar einfach macht.

Das *Haspa magazin* der Hamburger Sparkasse bietet für so genannte

„Joker-Kunden" in jeder Ausgabe besondere Angebote – angefangen von Stadtrundgängen über einen Schlagfertigkeitskurs bis hin zu Eintrittskarten für Veranstaltungen oder Museen. Die Angebotspalette ist übersichtlich mit Seitenangabe neben dem Inhaltsverzeichnis abgedruckt, sodass die Leser schnell zu dem für sie interessanten Beitrag blättern können.

Energie live, das Kundenmagazin des Energieverbundes ewmr, bietet seinen Lesern zu Servicethemen Ansprechpartner und Telefonnummern, bei übergreifenden Themen auch weiterführende Post- und Internetadressen.

Welche Möglichkeiten es gibt, zeigt auch HEW: *metropole*, das Kundenmagazin der Hamburgischen Electricitätswerke (HEW), hat in der Ausgabe 1/2002 die gute alte Rabattmarke ins Kundenmagazin integriert. Das Heft lockt mit „441 Euro für Sie! In diesem Magazin" auf dem Titel. Auf drei DIN-A4-Seiten am Ende des Heftes findet der Leser die Coupons gesammelt zum Raustrennen und Einlösen. Mit dabei sind McDonald's, DAT BACKHUS, Tierpark Hagenbeck, Legoland, Media-Markt, Centerparks bis hin zu Apotheken und Zeitschriftentitel. Um sicherzugehen, dass die Marken nur von HEW-Kunden genutzt werden, lässt der Leser sie am POS abstempeln und schickt sie anschließend an ein Servicecenter. Von dort aus wird ihm der Rabattbetrag auf das HEW-Card-Konto gutgeschrieben.

Von diesem System profitieren alle Teilnehmer: Die Firmen steigern über die Vergünstigungen ihre Umsätze und sammeln bei den Kunden Sympathiepunkte, HEW kann die kleinen Coupons an besagte Unternehmen verkaufen, und im Servicecenter läuft eine Fülle von Daten über die Einkaufsgewohnheiten der Kunden ein, da die Coupons allesamt per Digitaldruck personalisiert wurden. Allerdings wurde die Coupon-Aktion mit einer Neustrukturierung des Heftes wieder eingestellt.

5.2 Sparen am richtigen Ende: Die Kostenprüfung

„Hier streichen wir drei Sätze, da kommt ein neuer Artikel hin" – solche Kundenwünsche beim fertigen Layout machen Kundenzeitschriften teuer! Ihr Magazin ist maßgeschneidert, das heißt, die Redaktion schreibt auf Zeile, damit es bei der Umsetzung ins Layout später keine Schwierigkeiten gibt. In dieser Phase noch Texte zu streichen oder inhaltlich – und damit von der Textlänge – stark zu verändern, führt zu einem ganzen Rattenschwanz von Änderungen, die nicht nur nervenaufreibend sind, sondern auch Kosten und Fehlerrate enorm erhöhen. Erschwerend kommt hinzu, dass in dieser Phase meist Zeitdruck herrscht, damit das Magazin pünktlich erscheint. Von entspannter, konzentrierter Arbeit kann in der Regel dann keine Rede mehr sein.

Zu Mehrkosten führt auch der Wunsch der Unternehmen, nicht mit „halbfertigen Sachen" konfrontiert werden zu wollen. Das heißt, dass die Texte unabgestimmt in den Satz gehen und erst dann vom Kunden gelesen und im Idealfall freigegeben werden. Oft kommt es aber noch zu Korrekturen, die, je nach Umfang, eine Menge Arbeit für den Satz mit sich bringen: Fotos müssen größer oder kleiner gesetzt – und dazu eventuell neu gescannt – werden, der Umbruch einer oder mehrerer Seiten kann betroffen sein, mehrere Abstimmungsläufe in der eigentlichen Endphase werden notwendig, da selten ein Text allein betroffen ist.

Werden dann noch die Korrekturen stückchenweise mitgeteilt, ist das (Kosten-)Chaos perfekt. Ich erinnere mich an eine Broschüre, bei der Kosten und Ergebnis in einem derartigen Unverhältnis standen, dass der Rechnung eine detaillierte Auflistung der Arbeitszeiten und der Fremdrechnungen beigelegt wurde. Trotz allem war die Endsumme erklärungsbedürftig, und das, obwohl die Agentur den Auftraggeber mehrmals gewarnt hatte. Profitiert hat übrigens nicht die Agentur, sondern deren Dienstleister – der größte Rechnungsanteil waren Fremdkosten. Dazu gekommen ist es durch verschiedene Verhaltensweisen des Kunden: Zum einen hat er die vorliegenden Farbausdrucke der Broschüre immer mal wieder in die Hand genommen statt sich einmal intensiv damit zu beschäftigen. Die Änderungswünsche wurden stets sofort telefonisch durchgegeben und sollten ebenso prompt umgesetzt werden. Kostenfaktor Nr. 2 war sein Wunsch, nach jeder Änderung drei neue Farbausdrucke per Boten zu erhalten. Das führte dazu, dass frisch beim Kunden eintreffende Farbausdrucke schon wieder Altpapier waren, weil er ein paar Minuten zuvor eine neue Idee hatte. Dies ist, zugegeben, ein Extrembeispiel. Aber es veranschaulicht wunderschön, wie durch konzentriertes Arbeiten Geld gespart werden kann.

Natürlich müssen sich Teams erst aufeinander einspielen. Dies gilt erst recht bei neuen Projekten, für die es noch keine Erfahrungswerte gibt. Doch auch wenn Sie „nur" die Dienstleister gewechselt haben oder das Gefühl haben, irgendwo hakt es bei der Kommunikation, sollten Sie sich mit allen Beteiligten zusammensetzen. Bei neuen Teams oder Projekten empfiehlt sich eine offene Manöverkritik nach den ersten drei Ausgaben. Kündigen Sie das Treffen früh genug an, damit sich alle darauf vorbereiten können und sich nicht von der letzten hektischen Produktionsphase beeinflussen lassen.

Bei der bereits erwähnten FCP-Umfrage beklagten 62 Prozent den notwendig gewordenen Abstimmungsprozess und die dadurch immens gestiegenen Kosten. Dabei können viele Probleme im Vorfeld vermieden werden. Dazu gehört es, dass bei einem offenen Austausch alle Phasen der Planung und Produktion geprüft werden. Wo hakt es in der internen Kommunikation oder bei den zeitlichen Abläufen? Wo gibt es Missverständnisse oder werden Absprachen nicht eingehalten? Wer braucht für was mehr Zeit oder mehr (gestalterische) Freiheit? Sind die Ansprechpartner richtig definiert, werden Terminpläne von allen ernst genommen? Klappt der Informationsfluss oder benötigt die Redaktion mehr Input beziehungsweise ein genaueres Briefing? Geben Sie lieber zu viel Informationen als zu wenig – müssen die Redakteure auf eigene Faust nachrecherchieren, brauchen sie mehr Zeit und bringen manchmal Aspekte in den Text ein, die Sie lieber verschweigen würden.

Die wohl wichtigste Frage bei diesem Treffen ist die nach dem Endergebnis: Entspricht es den Erwartungen des Auftraggebers, der Redaktion und der Leser? Zeigen Sie die Zeitschrift Lesern innerhalb und außerhalb des Unternehmens und analysieren Sie die Reaktionen. Wichtig ist vor allem die Frage, ob die gewünschten Inhalte und das (angestrebte) Unternehmensimage transportiert und wahrgenommen werden. Entspricht die Wahrnehmung nicht Ihrer Zielsetzung, können kleinere Korrekturen während des Treffens besprochen werden. Hat die Zeitschrift ihr Ziel ganz verfehlt, muss das gesamte Konzept überarbeitet werden.

Kosten – der kleine Unterschied zwischen Kalkulation und Realität

Allen Kalkulationen zum Trotz zeigt sich oft erst bei der Realisierung, wie teuer die Planung und Realisation einer Zeitschrift wirklich ist. Natürlich nehmen die Vorbereitungen bei den ersten Ausgaben erfahrungsgemäß mehr Zeit in Anspruch als bei einem eingespielten Projekt. Dennoch sollten bereits jetzt investierte Zeit und Fremdrechnungen geprüft werden. Agenturen sollten bei neuen oder neu übernommenen Projekten auch dann einen Stundenzettel führen, wenn pauschal abgerechnet wird. Dies gilt vor allem auch für Freelancer, die allein mit dem Projekt beauftragt sind – ganz gleich, ob sie im Bereich Text oder Grafik arbeiten.

Anhand der detaillierten Stundenzettel kann belegt werden, weshalb mehr Zeit investiert werden muss als ursprünglich geplant. Mussten Texte neu geschrieben werden, weil der Redakteur einen „Hänger" hatte oder weil das erste Briefing unvollständig war? Wie oft und in welchem Abstand kamen Korrekturen und so weiter. Die Liste möglicher Ursachen ist lang und sollte von allen Beteiligten möglichst genau geführt werden. Nur so kann auf Dauer Frust und Unzufriedenheit vermieden werden – und der Ablauf optimiert beziehungsweise das Budget im Zweifelsfall angepasst werden.

Dieses Vorgehen hat nichts mit dem Aufrechnen von Fehlern, sondern mit einem fairen Miteinander zu tun. Viele Verantwortliche in Unternehmen haben eine Zeitschriftenproduktion noch nie mitgemacht. Sie können die Abläufe und Komplikationen dementsprechend auch nicht einschätzen, sondern wundern sich nur über missmutige Reaktionen oder den ständigen Hinweis, dass dieser oder jener Wunsch die Produktion teuer macht. Wer weiß, dass Bilder am Computer retuschiert werden können, erwartet beispielsweise auch bei schlechten Motiven eine gute Qualität. Die Frage, wie viel Aufwand und Zeit die Retusche in Anspruch nehmen wird, kann jedoch nur jemand mit Fachwissen beantworten und begründen. Der Hinweis auf die höhere Rechnung allein reicht hier nicht aus – helfen kann hier die Erklärung, warum diese Arbeit aufwändig ist und wie viel Zeit sie in Anspruch nimmt. Oder eine Einladung in die Grafikabteilung, um sich die Bildbearbeitung und Layoutarbeiten einmal vor Ort ansehen zu können. Je mehr Ihr Ansprechpartner über Ihre Arbeit weiß, umso besser kann er das Material vorbereiten beziehungsweise einschätzen.

Möglichkeiten der Kostensenkungen

Sprengt die Zeitschrift das Budget, sollten alle Beteiligten nach Sparpotenzialen Ausschau halten. Dies heißt allerdings nicht, dass mit Agenturen oder Dienstleistern neu verhandelt werden sollte. Die meisten Preise sind fair kalkuliert, auch wenn es in allen Bereichen des Lebens schwarze Schafe gibt.

Ähnliches gilt für Preiserhöhungen während eines Projektes: Einige Unternehmen neigen dazu, Pauschalverträge abzuschließen, bei denen die Agenturen auf den Preissteigerungen von Fremdleistungen – beispielsweise von Druckereien – hängen bleiben. Dies kann nur bis zu einem bestimmten Grad gut gehen. Keine Agentur kann es sich auf Dauer leisten, für weniger Geld die gleiche Arbeit zu machen. Die Konsequenz: Es wird gespart. Dies kann dazu führen, dass verstärkt Praktikanten für das Projekt eingesetzt werden oder dass sich die bisherigen Verantwortlichen einfach weniger Mühe geben, um durch die eingesparte Zeit intern Kosten zu sparen. So oder so – schaden tut es letztendlich der Zeitschrift und damit dem Auftraggeber.[17]

Es gibt andere Möglichkeiten, die Kosten zu senken, ohne dadurch hohe Qualitätseinbußen hinnehmen zu müssen. Manchmal hilft schon die Verwendung eines anderen Papiers oder der Einsatz von zwei statt vier Farben. Wird das Heft geschickt geplant, können sich beispielsweise 4- und 2-farbige Druckbögen abwechseln, sodass der Gesamteindruck eines Vierfarbmagazins bestehen bleibt. Bitten Sie Ihren Drucker um die Aufteilung der Druckbögen für die Planung. Fragen Sie ihn nach anderen Papierangeboten oder überlegen Sie mit ihm gemeinsam, ob er durch den einmaligen Kauf einer größeren Menge des Papiers den Preisvorteil an Sie weitergeben kann.

Denken Sie auch über den Vertrieb nach. Sparen Sie durch ein anderes, etwas dünneres Papier Portokosten? Nutzen Sie alle Möglichkeiten der Portooptimierung? Oder können Sie – sofern Sie Ihr Magazin als Infopost oder Infobrief verschicken – bei Verwendung eines gängigeren Formats auf Standard-Umschläge zurückgreifen?

Soll an der Ausstattung nichts geändert werden oder sind damit keine Einsparungen zu erzielen, sollten Redaktion und Grafik unter die Lupe genommen werden. Einige große Unternehmen beschäftigen mehrere Agenturen mit der Texterstellung für unterschiedliche Projekte. Hier bietet es sich teilweise an, auf vorhandenes Material zurückzugreifen, statt Recherche und Texterstellung noch einmal von vorn zu beginnen. Ähnliches gilt für die Verwendung von Pressemitteilungen – natürlich können sie nicht 1:1 abgedruckt werden. Gut redigiert können sie jedoch durchaus die Zielgruppe ansprechen und den gewünschten Inhalt vermitteln.

Haben Sie eigene Mitarbeiter, die bereits redaktionelle oder grafische Vorkenntnisse haben, kann es sich durchaus lohnen, in deren Weiterbildung

---

[17] Was nicht heißen soll, dass sich die Agenturen oder Freelancer auf dieser Erkenntnis ausruhen sollten: Schlechte Arbeit spricht sich schnell herum, die Gründe dafür leider nur selten.

zu investieren. Bedenken Sie aber, dass Wissen allein nicht weiterhilft – auch die Arbeitsmaterialien, also Computer, Software, Scanner und so fort müssen her. Wer hier am falschen Ende spart, wird sich später über das Ergebnis ärgern.

Und es lohnt sich doch!

Bevor Sie sich zu der einen oder anderen Sparmaßnahme entschließen, sollten Sie sich die Folgen vor Augen halten: Größere Abstände bei den Erscheinungsterminen bedeuten, dass Ihre Kunden seltener von Ihnen hören und damit seltener an Sie denken. Einsparungen bei der journalistischen oder grafischen Qualität fallen auf Ihr Unternehmen zurück. Das alles mag bei Budgetkürzungen wenig tröstlich klingen – vor allem wenn Sie die Ausgaben für die Kundenzeitschrift begründen sollen, ohne direkte Erfolge vorweisen zu können. Bevor Sie sich in Diskussionen geschlagen geben, können Sie Ihr Gegenüber vielleicht mit dieser Anekdote überzeugen:

Während einer Flugreise wurde der amerikanische Kaugummi-König Philipp Wrigley von einem begleitenden Journalisten gefragt: „Sagen Sie, Herr Wrigley, warum stellen Sie eigentlich Ihre aufwändige Werbung nicht ein? Alle Welt kauft doch bereits Ihre Kaugummis, und Sie könnten mit einem einzigen Schlag ein Vermögen einsparen!" Darauf Wrigley: „Wir haben schon seit geraumer Zeit unsere Flughöhe von 6000 Metern erreicht. Schlagen Sie wirklich vor, dass ich jetzt ins Cockpit gehe und den Piloten anweise, die Motoren abzuschalten, um Treibstoff zu sparen?"

(Autor unbekannt)

Anhang

Man muss bekanntlich nicht alles wissen – oft hilft schon der zielsichere Griff ins Buchregal oder richtige Mausklick im Internet, um das Gewünschte zu erfahren. Adressen, Recherchemöglichkeiten, Portale usw. rund um das Thema Zeitschriften finden Sie auf den folgenden Seiten. Auch auf die Gefahr hin, mich zu wiederholen: Internetadressen sind genauso beständig wie Aprilwetter ...

Online-Stellenmärkte

www.agenturcafe.de
Hinter dieser Site steckt die Agentur Kohtes & Klewes. Die Jobbörse bietet Angebote aus dem Bereich Medien und Marketing.

www.arbeitsamt.de
Auch die Bundesanstalt für Arbeit kann weiterhelfen – Angebote und Gesuche können online ohne Amtsumweg realisiert werden.

www.djv.de
Auf der Website des Deutschen Journalisten Verbandes (DJV) können sich Journalisten in eine Datenbank eintragen. Die Suche für Auftraggeber ist kostenlos. Ebenfalls im Angebot: eine Honorarübersicht, die allen eine kleine Orientierung für die Verhandlungen bietet.

www.evita.de
Auch der Internet-Marktplatz wartet mit einer Jobbörse auf. Das eigene Profil kann gespeichert werden; per E-Mail kommen die aktuellen Angebote nach Hause.

www.freda.de
Hier können Unternehmen kostenlos nach freien Redakteuren suchen. Die Abfrage ist nach Postleitzahl und Themenschwerpunkten möglich. Der Eintrag für Journalisten ist kostenlos!

www.horizont.net
Aktuelle Stellenanzeigen der Zeitschrift *Horizont* aus dem Bereich Marketing und Werbung.

www.jobpilot.de
Etwa die Hälfte der hier angebotenen Jobs stammen aus dem EDV-Bereich.

www.jobscout24.de
Großer branchenübergreifender Stellenmarkt.

www.medienhandbuch.de
Angebote aus den Bereichen Medien und Werbung.

www.morethanjobs.de
Stellenanzeigen der Zeitschrift *Werben & Verkaufen* rund um das Thema Marketing. Hier kann unter anderem gezielt nach Branchen, Regionen und Aufgabenfeldern gesucht werden.

www.newsroom.de
Die Jobbörse des *Medium Magazins* wird wöchentlich aktualisiert. Auf Wunsch kommen die Jobs auch per E-Mail. Abgesehen von dem wöchentlichen Überblick werden aktuelle Angebote direkt per Mail vorgestellt.

www.stepstone.de
Branchenübergreifender Stellenmarkt.

www.werbeagentur.de
Angebote aus den Bereichen Medien und Werbung.

www.zeit.de
Branchenübergreifender Stellenmarkt der Wochenzeitschrift *Die Zeit* mit Links auf viele Jobbörsen, darunter auch aus den Branchen Bau, Pharmazie, Kultur und Werbung u.v.m.

Wichtige Adressen

All diesen Adressen ist eines gemeinsam: Sie wurden im Oktober 2002 nach bestem Wissen recherchiert und sie erheben keinen Anspruch auf Vollständigkeit.

Bildagenturen

action press gmbh & co. kg
Kollaustraße 64–66
D-22529 Hamburg
Tel.: 040/554900-0
Fax: 040/554900-900
E-Mail: action@actionpress.de
www. actionpress.de

allOver Bildarchiv
Lindenstraße 28
D-47533 Kleve
Tel: 02821/7959-0
Fax: 02821/7959-29
E-Mail: allover@t-online.de
www.allover.de

Archiv für Kunst und Geschichte
Teutonenstraße 22
D-14129 Berlin
Tel: 030/80485-0
Fax: 030/80485-500
E-Mail: info@akg.de
www.akg.de

argus Fotoarchiv GmbH
Sternstraße 67
D-20357 Hamburg
Tel.: 040/433707, 040/4397056
Fax: 040/4303047
E-Mail: argus@argus-foto.de
www.argus-foto.de

ArTeG – Archiv für Technikgeschichte
Redaktionsbüro & Bildarchiv
Lietzenburger Straße 91
D-10719 Berlin
Tel.: 030/88554388
Fax: 030/88550499
E-Mail: arteg@arteg.de
www.arteg.de

Bildagentur Mauritius GmbH
Schulterblatt 36
D-20357 Hamburg
Tel: 040/43207-0
Fax: 040/43207-11
www.mauritius-images.com

Bildagentur Mauritius GmbH
Medienhaus Reinhardtstraße 23-27
D-10117 Berlin
Tel: 030/240833-0
Fax: 030/240833-10
E-Mail: berlin@mauritius-images.com
www. mauritius-images.com

Bildagentur Mauritius GmbH
Ostparkstraße 51
D-60385 Frankfurt/Main
Tel: 069/2424090
Fax: 069/4980505
frankfurt@mauritius-images.com
www.mauritius-images.com

blickwinkel
Bildagentur für Naturfotografie
Forschungs- und Entwicklungszentrum FEZ Witten
Alfred-Herrhausen-Str. 44
D-58455 Witten
Tel.: 02302/915-250
Fax: 02302/915-251
E-Mail: info@blickwinkel.de
www.blickwinkel.de

BlueBox GmbH
Waitzstraße 25
D-22607 Hamburg
Tel.: 040/8816766-1
Fax: 040/8816766-5
E-Mail: info@pictures.de
www.pictures.de

medicalpicture GmbH
Bildagentur mit dem Schwerpunkt Medizin/Pharma
Vogelsanger Straße 6
D-50823 Köln
Tel.: 0221/92053-580

Fax: 0221/92053-133
E-Mail: schmidt@medicalpicture.de

mh Fotodesign
Agentur für freigestellte Motive
Herderstraße 3
D-28203 Bremen
Tel: 0421/71869
Fax: 0421/76917
E-Mail: mhfoto@freeobjects.de
www.freeobjects.de

Photopool GmbH
Zusammenschluss freier Fotografen
Pegnitzstraße 30
D-91217 Hersbruck
Tel.: 09151/81733-2
Fax: 09151/81733-4
info@photopool.de

StockFood Munich
Bilder aus dem Food-Bereich
Tumblingerstr. 32
D-80337 München
Tel.: 089/7472020
Fax: 089/7211020
E-Mail: munich@stockfood.com
www.stockfood.com

The Image Bank

Prinzregentenstraße 89

81675 München

Tel.: 089/419442-0

Fax: 089/419442-99

E-Mail: tibmuc@imagebank.de

www.imagebank.de

The Image Bank

Brunnenstraße 181

D-10119 Berlin

Tel.: 030/690392-0

Fax: 030/690392-99

E-Mail: tibbe@imagebank.de

www.imagebank.de

The Image Bank

Danziger Straße 35a

D-20099 Hamburg

Tel.: 040/280852-0

Fax: 040/280852-99

E-Mail: tibhh@imagebank.de

www.imagebank.de

The Image Bank

Kruppstraße 48

D-40227 Düsseldorf

Tel.: 0211/97776-0

Fax: 0211/97776-99

E-Mail: tibddf@imagebank.de

www.imagebank.de

The Image Bank
Hanauer Landstraße 190
D-60314 Frankfurt/Main
Tel.: 069-943348-0
Fax: 069-943348-44
E-Mail: tibffm@imagebank.de
www.imagebank.de

Deutsche Post AG, Presse Distribution

Die Zuständigkeiten der Presse Distribution sind nach Postleitzahlgebieten aufgeteilt. Weitere Informationen erhalten Sie auch im Internet unter www.deutschepost.de/pressedistribution

PLZ 01–04, 06–09, 14, 39, 98, 99
Deutsche Post AG
GB Vertrieb Brief Ost
Presse Distribution
Postfach 221262
04132 Leipzig
Sasstraße 12
04155 Leipzig
Tel.: 0341/562278-4
Fax: 0341/562278-9

PLZ 10–13, 15–19, 23
Deutsche Post AG
GB Vertrieb Brief Ost
Presse Distribution
Postfach 610250
10923 Berlin

Luckenwalder Straße 4–6
10963 Berlin
Tel.: 030/2699140-2
Fax: 030/2699140-5

PLZ 20–22, 24–29, 33, 38, 48, 49
Deutsche Post AG
GB Vertrieb Brief Nord
Presse Distribution
22758 Hamburg
Altonaer Poststraße 13
22767 Hamburg
Tel.: 040/30634-101
Fax: 040/30634-222

PLZ 30–32, 34, 36, 37
Deutsche Post AG
GB Vertrieb Brief Nord
Presse Distribution
Postfach 1549
30015 Hannover
Kurt-Schumacher-Straße 4
30159 Hannover
Tel.: 0511/36936-21
Fax: 05 11/36936-29

PLZ 35, 40–47, 50–59, 66
Deutsche Post AG
GB Vertrieb Brief West
Presse Distribution
Postfach 451180
50886 Köln
Eupener Straße 80

50933 Köln
Tel.: 0221/499939-07
Fax: 0221/499939-28

PLZ 60, 61, 63–65, 67–69
Deutsche Post AG
GB Vertrieb Brief Süd-West
Presse Distribution
Postfach 150139
60061 Frankfurt/Main
Ludwig-Erhard-Anlage 2–8
60325 Frankfurt/Main
Tel.: 069/975133-20
Fax: 069/975133-15

PLZ 70–79
Deutsche Post AG
GB Vertrieb Brief Süd-West
Presse Distribution
Postfach 101042
70009 Stuttgart
Lautenschlagerstraße 17
70173 Stuttgart
Tel.: 0711/129513-72
Fax: 07 11/129513-89

PLZ 80–97
Deutsche Post AG
GB Vertrieb Brief Süd
Presse Distribution
Postfach 200005

80324 München
Arnulfstraße 60
80335 München
Tel.: 089/5599135-75
Fax: 089/5599135-80

Weitere wichtige Adressen

Deutscher Journalisten-Verband e.V. (DJV)
– Gewerkschaft der Journalistinnen und Journalisten –
Bundesvorstand
Bennauerstraße 60
D-53115 Bonn
Tel.: 0228/2017218
Fax: 0228/241598

Forum Corporate Publishing
Destouchesstrasse 6
D-80803 München
Tel.: 089/3407797-7
Fax: 089/3407797-8
E-Mail: petra.tewes@forum-corporate-publishing.de
www.forum-corporate-publishing.de

Noch mehr Bücher ...

Gerhard, Rudolf: Lesebuch für Schreiber. Vom journalistischen Umgang mit der Sprache. IMK, 1997, ISBN 3-927282-19-7

Gulbins, Jürgen u. Karhrmann, Christine: Mut zur Typographie. Ein Kurs für DTP und Textverarbeitung. Springer-Verlag, 2000, 430 Seiten, ISBN 3-540-67541-8

Hügli, Samuel: QuarkXPress 5, Galileo Design, 2002, 416 Seiten, mit CD, ISBN 3-89842-269-0

Khazaeli, Cyrus Dominik: Crashkurs Typo und Layout. Vom Zeilenfall zum Screendesign, Rowohlt Taschenbuch Verlag, 1995, ISBN 3-499-19815-0

Mast, Claudia: Unternehmenskommunikation, Lucius & Lucius, 2002, 454 Seiten, ISBN 3-8252-2308-6

Ploss, Dirk: Handbuch E-Mail-Marketing, Galileo Business, 2002, 258 Seiten, ISBN 3-89842-191-0

Schneider, Wolf u. Raue, Paul-Josef: Handbuch des Journalismus. Rowohlt Verlag, 1996, 345 Seiten, ISBN 3-498-06312-X

Checklisten

Zugegeben: Zu viele Checklisten können nerven. Dennoch bieten sie sich überall da an, wo viele Details im Auge behalten werden müssen oder wo verschiedene Ansprechpartner an unterschiedlichen Orten an einem Projekt arbeiten. Ich selbst arbeite bei bestehenden Zeitschriften gern mit Termin- und Seitenplänen, in denen möglichst alle Informationen enthalten sind – vom Ansprechpartner bis zur Freigabe und der vorliegenden Bildmotive.

Die hier vorliegenden Beispiele sind Vorschläge, wie solche Pläne aussehen können.

Wer ist mein Leser?

Alter
Geschlecht
Familienstand
Kinder
Einkommen
Ausbildung
Hobbys
Bevorzugte Urlaubsziele
Sonstige Interessen

Tabelle A.1 Kundenzeitschriften im B2C-Segment

Diese Liste für Kundenzeitschriften im B2C-Segment kann – und sollte – so weit wie möglich differenziert werden. Merkmale wie Bier- oder Weintrinker hören sich zunächst übertrieben an, können aber – je nach Zielgruppe – einen wesentlichen Einfluss auf das Zeitschriftenkonzept haben.

Kundentyp*
Größe des Betriebs
Anzahl Mitarbeiter
Umsatz des Betriebs
Umsatzvolumen mit dem eigenen Unternehmen
Innovationsbereitschaft

* Handelt es sich um einen Händler, Franchisenehmer oder geht es hier um einen „normalen" Geschäftskunden?

Tabelle A.2 Kundenzeitschriften im B2B-Segment

Auch diese Liste lässt sich beliebig fortführen. Wie bei den B2C-Medien gilt auch hier: Je detaillierter die Vorstellung vom Leser, desto besser ist die Leseransprache.

Terminplan

To do	Termin	Zuständig intern	Zuständig extern	Status
Versand durch Druckerei				
Druckabgabe				
Belichtung				
Schlusskorrektur				
Reinzeichnung				
Layout-Freigabe				
Layout-Erstellung				

To do	Termin	Zuständig intern	Zuständig extern	Status
Textfreigabe				
Texte an Kunden				
Texterstellung				
Vorlage aller				
Informationen				
Freigabe				
Themenplan				
Erstellung Themenplan				
Redaktionssitzung				

Seitenplan

Rubrik/ Thema	Seite	Foto	Zuständig intern	Zuständig extern	Status
Titel	U1				
	U2				
Inhalt	3				
Inhaltsverzeichnis	3				

Freigaben

Text	Inhalt	Layout	Wörtliche Zitate	Motive	Freigabe von

Korrektur

Seite	Rubrik	Head	Vor-spann	Fließ-text	Zwiti	Namen	Anführz. Abführz.

Leserbefragung

Eine Leserbefragung sollte möglichst alle Bereiche abdecken, ohne den Befragten zu viel Zeit zu rauben. Deswegen bietet sich ein Aufbau mit verschiedenen Antworten an, die einfach angekreuzt werden können. Dieses Vorgehen erleichtert auch die Auswertung erheblich.

Wenn Sie die Befragung mit der Abfrage der Adressdaten und dem Versand eines kleinen Give-away als Dankeschön verknüpfen wollen, sollten Sie die Adresse auf einem separaten Blatt aufführen, da sonst die Bereitschaft zu ehrlichen Antworten abnehmen dürfte.

Die vorliegende Befragung ist ein allgemeines Beispiel. Passen Sie die Fragen einfach Ihrer Zeitschrift beziehungsweise Ihrem Unternehmen an.

Sagen Sie uns Ihre Meinung!

Wie sind Sie auf unser Kundenmagazin aufmerksam geworden?
- ☐ Außendienst
- ☐ Internet
- ☐ Kollegen
- ☐ Sonstiges: ....

Lesen Sie unsere Kundenzeitschrift regelmäßig?
- ☐ Ja
- ☐ Nein
- ☐ Wenn ich Sie zufällig bekomme.

Wie gefällt Ihnen die Themenmischung?
- ☐ Gut
- ☐ Sehr interessant
- ☐ Langweilig
- ☐ Gar nicht

Welche Rubriken lesen Sie am liebsten?
- ☐ Rubrik A
- ☐ Rubrik B
- ☐ Rubrik C
- ☐ Rubrik D

Welche Themen kommen zu kurz?

☐ Thema A ☐ Thema B
☐ Thema C ☐ ....

Wie gefällt Ihnen die Gestaltung?

☐ Gut ☐ Sehr interessant
☐ Langweilig ☐ Gar nicht

Was würden Sie anders haben wollen?

....
....

Sind die Dialogangebote ausreichend?

☐ Reichen vollkommen ☐ Könnte besser sein

Wie oft nutzen Sie die Dialogangebote?

☐ Regelmäßig ☐ Selten ☐ Gar nicht

Welche Anregungen haben Sie für die Zukunft?

....
....

Stimmt Ihre Adresse noch? (**Änderungen bitte einfügen**)	**Wer sollte die Zeitschrift noch erhalten?**
Name, Vorname............................	Name, Vorname............................
Firma/Abteilung............................	Firma/Abteilung............................
Straße............................	Straße............................
PLZ/Ort............................	PLZ/Ort............................
Telefon/Fax............................	Telefon/Fax............................
E-Mail............................	E-Mail............................

Vielen Dank für Ihre Mithilfe! Unter allen Absendern verlosen wir eine kleine Überraschung als Dankeschön!

Honorarübersichten des DJV

Die folgenden Honorarübersichten hat der DJV zusammengestellt, unter anderem auf Basis von Umfragen unter den freiberuflichen Mitgliedern in den Jahren 1998 und 1999, den Sätzen der geltenden Tarifverträge für arbeitnehmerähnliche freie Journalisten an Tageszeitungen und öffentlich-rechtlichen Rundfunk- und Fernsehanstalten und aufgrund einer Vielzahl von Einzelmeldungen von Mitgliedern und regionalen Erhebungen in verschiedenen Bundesländern. Berücksichtigt wurden nur die Honorarsätze von hauptberuflich freien Journalisten. Ende 2001 wurden die Werte auf Grundlage von Einzelmeldungen und anderen Berichten aktualisiert.

Zeitungen	35–200 Cent
Fachzeitschriften	110 Cent
Anzeigenblätter	35 Cent
Nachrichtenagenturen*	35–105 Cent
PR-Agenturen**	250 Cent
Pressestellen**	110 Cent

* Manuskript-/Druckzeile, ** Manuskriptzeile

Tabelle A.3 Berechnung nach Zeilen

Zeitungen	160–650 Euro
Publikumszeitschriften	310–1200 Euro
Fachzeitschriften	210–1200 Euro
Anzeigenblätter	50–310 Euro
PR-Agenturen**	200–400 Euro
Pressestellen**	200–400 Euro

** Manuskriptseite

Tabelle A.4 Berechnung nach Seiten (Rahmenhonorare)

	Stundenhonorar	Tageshonorar
Zeitungen	40 Euro	150–450 Euro
Publikumszeitschriften	50 Euro	200–800 Euro
Fachzeitschriften	40 Euro	175–800 Euro
Anzeigenblätter	30 Euro	150–450 Euro
Nachrichtenagenturen	40 Euro	200–600 Euro
Online-Medien	40 Euro	200–600 Euro
Pressestellen	50 Euro	300–1000 Euro
PR-Agenturen	60 Euro	500–1500 Euro

Tabelle A.5 Berechnung nach Arbeits- und Sendezeiten

Zeitungen	25 Euro
Publikumszeitschriften	110 Euro
Fachzeitschriften	110 Euro
Anzeigenblätter	20 Euro
Nachrichtenagenturen (Nachrichten/ Reportagen)	35–50 Euro
Online-Medien	160 Euro
Pressestellen	250 Euro
PR-Agenturen (Nachrichten, Berichte)	250 Euro

Tabelle A.6 Kurzbeiträge: Berechnung nach Pauschale (Mindesthonorare, kein Durchschnitt)

Quelle: Deutscher Journalisten-Verband, Referat Freie, Bennauerstraße 60, 53115 Bonn, Tel. 0228/2017218, Fax: 0228/241598, Internet: http://www.djv.de/freie

Danksagung

Die besten Ideen kommen beim Bier – wie auch die zu diesem Buch. Deshalb gilt auch bei der zweiten Auflage mein herzlicher Dank Silke Ostermann, die mit einer kleinen Bemerkung das Projekt zum Rollen gebracht hat.

Realisiert wurde es, wie viele andere Bücher auch, mit tatkräftiger Unterstützung anderer. In diesem Fall waren es meine Gesprächspartner bei der Recherche, die Agenturen und Verlage, die mir freundlicherweise Bilddaten und Material zur Verfügung gestellt haben. Und natürlich meine Freunde, die das Projekt miterlebt und unterstützt und mehr als einmal Zeitschriften statt Blumen oder Wein mitgebracht haben.

Die Autorin

Heike Steinmetz, Jahrgang 1966, studierte Politikwissenschaft, Germanistik und Soziologie in Münster. Nach dem Studium arbeitete sie als Lektorin in einem Wirtschaftsverlag. 1996 wechselte sie als Projektmanagerin zu einer PR-Agentur und 2000 machte sie sich als freiberufliche PR-Redakteurin und Lektorin selbstständig. 2003 hat sie sich mit ihrer eigenen Agentur *verbalis* in Dortmund niedergelassen und ist von dort aus für verschiedene Auftraggeber aus Wirtschaft, Politik und dem Non-Profit-Bereich tätig. Als Beraterin hat Heike Steinmetz zahlreiche Projekte zur Unternehmenskommunikation betreut. Zu ihren Kunden gehören sowohl namhafte Unternehmen verschiedener Branchen als auch gesellschaftswissenschaftliche Institute.

Kontakt: E-Mail: heike.steinmetz@verbalis.de

Stichwortverzeichnis

A

Abstimmung 53, 72, 88, 100, 101, 102, 149, 159
ADAC 37
Adler 36
Adler journal 36, 131
Adressenverwaltung 60
Allensbacher Relation-Media-Analyse 26
amnesty international 37
ANEMO Logistics 40
ANEMO:friends 40
ANEMO:team 40
Anzeigen 56, 60, 71, 79, 81, 120, 128, 132, 152
Anzeigenkunde 80
Anzeigenpreise 81
Apotheken-Zeitschriften 63
Archiv 155, 160
Auflage 60, 62, 63, 71, 72, 75, 77, 78, 80
Auflagenhöhe 70, 80
Auflösung 103, 134, 135, 136, 137, 138, 157
Außendienst 45, 63, 139
Avid Technologie 50

B

Beauty talk 20
Belichtung 77, 117, 147, 150, 157
Bericht 94, 95
Berliner Format 109
Bildagenturen 74, 135
Bildbearbeitung 72, 135, 136
Bildbearbeitungsprogramme 136
Bildhonorare 74
Bildnachweis 99
Bildqualität 135
Bildrechte 77
Bildunterschriften 99
blue inc. 132, 133
BMW 24, 49
BMW Magazin 24
Briefing 86, 100, 148, 172, 173
Briefinggespräche 55
Business 11

C

CargoLine 18, 142
CargoTime 18, 19, 122, 142, 143, 144
Centerparks 170
Cinemaxx 83
CMYK 116, 147, 157
CMYK-Bilder 137
computer compass forum 82
condor 25
Copyproof 77, 78
Corporate Behavior 16
Corporate Communication 16
Corporate Culture 16
Corporate Design 13, 107, 108, 118, 126
Corporate Identity 13, 16, 52, 55
CP-Partner 57

creativ kollektion 74
Cross Selling 22, 71
Cross-Media-Potenziale 67
Customer Relationship Management 22

D

Das Haus 50
DAT BACKHUS 170
Datenaustausch 150, 152
Der rote Faden 43, 50
Der Spiegel 98, 123
Der Vermögensberater 18, 25, 50, 71, 82, 169
Deutsche Bahn 25
Deutsche Post 9, 10, 11, 12, 13, 14, 24, 50, 52, 57, 64, 66, 107
Deutsche Telekom 13, 15, 126
Deutsche Vermögensberatung 18
Deutscher Journalisten-Verband 198
Dialogangebot 169
Dialogmöglichkeiten 44
Digitaldruck 75, 85, 88, 148, 150, 153, 170
Direkt Marketing Center 66
Direkt mehr 9
Diva 50
DJV 72, 73, 74, 197
Druckabwicklung 58
Druckbogen 111, 175
Druckereien 57
Druckfilme 150, 152
Druckfreigabe 105, 107
Druckkosten 27, 78, 81
dsl-review 67, 68, 69

Dummy 77
Duplex 115, 132, 137

E

E-Plus 11
eden 83
Energie live 82, 170
Energieverbund ewmr 82, 170
Erscheinungsintervall 70
Erscheinungstermin 17, 88, 141, 156
Erscheinungsweise 45, 49, 52, 54, 65, 81, 89
Etat-Kalkulator 74
eve 34, 36, 50, 119

F

Fachhandelszeitschriften 16
Farbdarstellung 117
Farben 27, 28, 46, 78, 115, 116, 117, 128, 139, 151, 152
Farbpsychologie 115
FCP 51, 172
Feature 94, 95, 96
Fließtext 119, 120, 121, 123, 125, 127
flug journal 25
FOKUS evision-media GmbH 69
FOKUS Kommunikation Voß GmbH 18, 122
Format 46, 60, 64, 65, 70, 75, 77, 109, 111, 136, 138
Forschen in Jülich 48
Forschungszentrum Jülich 48
Forum Corporate Publishing 11
Fotograf 74, 128, 134
Frahm, Marion 22, 53

Freelancer 54, 57, 58, 72, 105, 173, 175
FRESH INFO 67, 69

G

G + J Corporate Media 25
Galileo News 29
Galileo Press 29
Gestaltung 12, 115, 116, 118, 123, 129, 138, 140, 147, 148, 149, 151, 157
Gestaltungselemente 114, 134
Grafik 136, 150, 154, 156, 173, 175
Groborsch, Astrid 108

H

Hamburger Sparkasse 169
Hamburgische Electricitätswerke 170
Hapag-Lloyd 25
Haspa magazin 169
Häuser heute 108, 124
Heftaufbau 47, 87
Heftdramaturgie 46, 75
Heftstruktur 77
Herstellung 72
HKS 151
HKS-Farben 116
Hoffmann und Campe Corporate Publishing, 133
Holtkamp, Kai 43
Honorare 71, 74

I

Ihr Platz 36
Illustration 100, 103, 135
Image 17, 22, 52, 101, 157, 163

Images 46, 59
Impressum 100
Infobrief 65, 175
Infopost 65, 75, 175
Informationsfluss 172
Initiale 123, 125
Initiativbanking 21
Institut der Versicherungsmakler 19, 82
Internet 148
Interview 94, 95, 140
ivm news 19, 82
IVW 80
IVW-Prüfung 79

J

JDB mediapool 18
Jobbörsen 55
Journalistische Ziele 22

K

Kalkulation 70, 71, 74, 75, 78, 173
Kino News 83
Koch, Christoph 82
Kolumnen 114
Kolumnentitel 114
Kommunikationsstrukturen 51
Kommunikationsziele 22, 39
Kompetenzvermittlung 22
Konzeption 22, 23, 77, 87, 142, 161
Kooperation 83
Korrektur 98, 104
Kosten 17, 58, 64, 70, 71, 74, 75, 77, 78, 81, 103, 128, 136, 148, 153, 172, 173, 175

Kostenfaktoren 70
Kroll-Pressetaschenbücher 56
Kundenansprache 46, 89
Kundenbeziehung 62
Kundenbindung 17, 22, 23, 24, 46, 71, 168, 169
Kundendatei 60, 61
Kundenkontakte 75, 79
Kundenpflege 13

L
Larosé 50
Larosé Hygiene Service GmbH 43
Layout 36, 39, 54, 58, 72, 76, 86, 88, 99, 101, 102, 103, 104, 107, 108, 111, 114, 117, 118, 122, 125, 136, 142, 149, 160, 163, 171
Legoland 170
Lektorat 104, 105, 156
Leserakzeptanz 77
Leseranalyse 79
Leseransprache 36, 46, 47, 94
Leserbefragung 45, 140, 141, 164
Leserbrief 165, 166
Leserforum 167
Leserinteressen 48
LetterMag 13, 14
Lindner, Michael 129
Lindt 63

M
Magazinformat 109, 111
Marke 22, 46, 59, 83
Marketingmix 13, 107
Marketingziele 22

McDonald's 83, 170
Media-Markt 170
Mediadaten 79, 81
Medienfabrik Gütersloh 34, 83, 119
Mein Eigenheim 50
Mercedes 24
metropole 170
Microsoft 93
Migranet 37
Mitarbeiterzeitschrift 40, 42, 43, 45, 52, 85, 128
mobil 25
muelhaus & moers kommunikation 131

N
Nachricht 94
Nachrichten-Börse 12
Namensfindung 50, 51, 158
neo design consulting 108
Neue Apotheken Illustrierte 24
Neukunden 26
Neukundengewinnung 23, 71
Nordisches Format 109
Nullnummer 77, 78, 140

O
Offset 150
Offsetdruck 153
Online-Publikationen 27
Outsourcing 53

P
Pagina 114, 147
Pantone 151

Pantone-Farben 116
Papier 60, 152, 153, 154, 159, 175
Papierart 70, 77
Papierauswahl 75
Papierkosten 78
parma-Aurel 20
Paul Hartmann AG 38
Phone 11
Point of Sale 17, 24, 34, 60, 63
Porträt 95
Porträts 38, 43, 94, 97
POS 170
Positionierung 22, 59
postfrisch 10, 24, 50
Postversand 63, 64
Postvertriebsstück 64, 65, 66
PR-Agenturen 50, 55, 58, 60, 85
PR-Büros 57
Pressefreiheit 44
Pressegesetze 44
Pressesendung 64, 65, 66
Pressevertriebszentrum 65
Projektmanagement 70
Proof 150, 152, 159
PUBL!COM 19, 82
Publikom Z Verlagsgesellschaft 124

R

Realisationsphase 78
Redaktion 20, 24, 63, 70, 72, 78, 85, 86, 87, 161, 163, 164, 166, 167, 168, 171, 172, 173, 175
Redaktionsbüro 57, 58
Redaktionspläne 51, 81
Redaktionsschluss 87

Redaktionssitzung 87, 88, 91
Redaktionsteam 52
Refinanzierung 23
Refinanzierung durch Anzeigen 79, 81
Reformhaus Kurier 34
Reichweite 79, 80
Relaunch 86, 138, 139, 142, 144
Reportage 25, 28, 48, 72, 94, 95, 97, 141
RGB 117, 147, 157
RGB-Bilder 137
Rheinisches Format 109
Roche Magazin 39, 44
Rubriken 87, 93, 94, 114, 148, 150

S

Satzausrichtung 121
Satzspiegel 111, 112, 113, 114, 127, 130, 132, 147
Schäfer, Norbert 9
Schlierbacher Fabrikbote 39
Schlusskorrektur 88
Schmidt, Marc C. 69
Schnaubelt, Michael 40
Schrift 102, 109, 114, 116, 118, 119, 120, 122, 123, 125, 127, 134, 140, 150
Schriftgröße 101, 120, 121, 123, 127, 147
Schriftschnitt 120, 121, 123, 127
Schrifttypen 140
Seitengestaltung 99, 129, 134
Seitenspiegel 148
Seitenzahl 81, 102, 114
Software 101, 135, 137, 167, 176
Sonderfarben 115, 116, 153
Spalten 123

Spaltenabstand 113, 114
Spaltenbreite 77, 121
Spar-Magazin 63
Spiegel 109
Sprache 22, 38, 43, 48, 66, 94, 161, 163
Sprachgebrauch 52, 54
Stehsatz 155, 156
Stilvorlagen 148
Streifbandzeitung 64, 65, 66
Streuverluste 21, 27, 46, 61, 64, 66, 70, 81
Strukturdaten 79

T
Tchibo 24
Tchibo-Magazin 24, 49
technische Ausstattung 60
Terminplan 86, 87, 88, 172
Terminplanung 159
Texterstellung 58, 100, 103, 175
Textformen 94, 96, 140
Textspalten 113
Themenauswahl 36, 38, 43, 46, 62
Themenplan 93, 156, 161
Themenplanung 58, 91, 155
ThyssenKrupp 132, 133
Tierpark Hagenbeck 170

U
Überschrift 97, 98, 99, 114, 119, 120, 121, 123, 127, 128, 130
Umfang 70, 89, 103
Umsatzsteigerung 24
Urheberrechte 44, 99

V
Value Added 26
verbreitete Auflage 79
Verkaufsförderung 23, 24, 34, 46, 63, 163
Verkaufspreis 71
Verlag 17, 57, 58, 59, 60, 80, 105
Vertrieb 20, 51, 60, 70, 175
Vertriebsweg 67
Vorspann 95, 96, 97, 119, 123, 127, 130
Voß, Peter 18

W
Weißraum 111, 114, 116, 122, 134
Weiterverarbeitung 70, 74
Werbeagenturen 57
Werbeverweigerer 63
Wettbewerb 28
Wettbewerber 44, 46, 59
Wettbewerbsbeobachtung 22
WGZ-Bank 21
Wiesner, Daniel 69
Wirkung Bilder 129
Wundforum 38
Wurfsendung 63

Z
Zielgruppe 10, 12, 17, 19, 21, 32, 33, 34, 36, 37, 38, 40, 44, 48, 52, 63, 67, 69, 71, 81, 90, 94, 100, 108, 114, 118, 120, 140, 163, 164, 167, 168, 175
Zielgruppenaffinität 26

Zielgruppenansprache 33
Zielgruppendefinition 139
zielgruppengerecht 55
Zielgruppenorientierung 27
Zielgruppenstruktur 80
Zielsetzung 21, 27, 33, 51, 52, 139, 173
Zitate 103
Zwischentitel 127
Zwischenüberschriften 119, 123, 127